Manfred Böckl

SCHLANGENRING UND WERWOLFSTEIN

Keltische Sagen
aus dem deutschen Sprachraum

~~~~~~~~~~~
Ein BUCH des
KELTEN
~~~~~~~~~~~

Impressum

Schlangenring und Werwolfstein

Ohetaler-Verlag
Kühbergweg 28, 94566 Riedlhütte
Tel. 08553 97 888 70, Fax 08553 97 888 73
www.ohetaler-verlag.de

Ohetaler-Verlag
D- 94566 Riedlhütte

ISBN 978-3-941457-53-9

Inhalt

Einführung	5
Das Volk aus dem mitteleuropäischen Kessel	14
Die Kelten und ihre geistige Welt	24
„Die Saligen Frauen" und andere Göttinnensagen	38
„Der Teufelskirnstein" und andere Göttersagen	88
„Die Saalenixen" und andere Feen- und Sídhesagen	103
„Die Zwergenhöhle" und andere Sagen vom Kleinen Volk	130
„Die Untersberger" und andere Andersweltsagen	161
„Johann von Passau und sein Weib" und andere Wiedergeburts- und Metamorphosesagen	204
„Die Salzmänner vom Dürrnberg" und andere Sagen mit besonderer Thematik	214
Nachwort	262
Keltische Jahreskreisfeste	265
Weitere Literatur des Autors über die Kelten	267

Einführung

Anno 1853 veröffentlichte Ludwig Bechstein, der neben den Gebrüdern Grimm der bedeutendste deutsche Sagen- und Märchensammler war, sein 'Deutsches Sagenbuch'. Seitdem wurde das Werk millionenfach nachgedruckt; von Generation zu Generation wurden die uralten Volksüberlieferungen, die Bechstein zusammengetragen hatte, begeistert gelesen – und einer dieser Sagentexte, der auch Kommentare von Ludwig Bechstein enthält, lautet folgendermaßen:

Von Moosleuten, Holzweibeln und Heimchen
Es ist schwer, eine trennende Linie zu ziehen zwischen den verwandtschaftlichen Bezeichnungen der Elben (Elfen), die das Volk so verschieden benennt und kennzeichnet, und es könnte einer ein Buch allein über dieses Völklein schreiben, ungleich reichhaltiger als des Iren T. Knightleys 'Mythologie der Feen und Elfen'. Aus Büchern allein aber darf es einer nicht lernen wollen; er muß selbst an Orten und Stellen hinhorchen, was die Leute sich auf den Dörfern davon erzählen. Und wie das gespenstige Zwergvölklein sich nicht streng sondern läßt, so lassen sich auch die Sagen von ihm nicht sondern, denn es erscheint bald da, bald dort, bald in dieser, bald in jener Gestalt und Gesellschaft oder auch ganz allein.
Aber die Moosleute sind keine Hilfsgeister, die Holzweibel keine Moosleute, und die Heimchen sind auch nur wenig

von allen diesen, höchstens Hilfsgeister; sie bilden das Gefolge der wilden Bertha, sind aber nicht wild, sondern traulich, wie ihr Name: der traulichste, der in deutscher Zunge klingt und daher auch einem Tier gegeben wurde, das heimlich am heimischen Herd, am Backofen, in der Wärme weilt, und dessen Zirpen der Volksglaube prophetische Bedeutung beilegt.

Sie heißen in diesem Land (Thüringen) Heimchen, nicht mit Heinchen oder Heinzchen zu verwechseln. Im Orlagau heißt Perchta die Heimchenkönigin und erscheint umschwärmt von dieser neckischen Elbenschar. Wie anderenorts die Zwerge über Flüsse sich schiffen ließen und fortzogen, etwa bei den Dörfern Kosdorf und Rödern, welche nicht mehr vorhanden sind, so im Orlagau die Heimchen. An einigen Orten dieser Gegend heißen sie auch Butzelmännchen, Heimele, Erdmännele und werden gedacht als winzig kleine Erdgeister, welche nur fingerlang sind und in den Mäuselöchern der Häuser wohnen. Gewöhnlich lassen sie sich in den Abendstunden sehen, sind weiß gekleidet, erweisen sich freundlichen Gemüts und führen in Zahl von mehreren Hunderten liebliche Kreiseltänze auf. Sie zeigen den Bewohnern des Hauses Glück oder Unglück im voraus an und hinterlassen zuweilen, wenn man sie sorgsam hegt, köstliche, obschon höchst winzige Geschenke, welche zur Morgenstunde in goldenen Kästchen vor den Mauselöchern aufgestellt sich finden.

Im Schnerfert bei Grobengereuth auf dem roten Biel gab es vorzeiten Waldweibchen in Menge. Sie sprangen auf den

Heuschobern und den Getreidegarben herum und spielten miteinander wie Kinder. Wenn Leute dazukamen, die sich bei dem Anblick der Kleinen blöde und furchtsam zeigten, so riefen sie ihnen freundlich zu: „Kommt immer her, treibt, was ihr wollt, wir tun euch nichts." Doch benaschten sie die Arbeiter im Schnerfert gern und trugen ihnen wohl halbe und ganze Brote weg.

In der ganzen Gegend um Altengesees herum, die bis heute sehr holzreich ist, standen die Bauern mit den Holzweibeln im freundlichen Verkehr. Sooft Holz gefällt wurde, waren sie gleich bei der Hand und baten die Holzmacher, daß sie doch, ehe der fallende Baum den Erdboden erreiche, drei Kreuze in den Stock hauen möchten, so daß sie darauf Schutz vor der wilden Jagd finden könnten.

Gern taten dies die Leute, und die Waldweibel halfen den Arbeitern dafür, wo sie wußten und konnten. Gingen die Bauern am Morgen in den Wald, so legten sie ein Stück Brot oder einen Kloß für ihre kleinen Gehilfen auf die bekreuzten Stöcke, und die Waldweibel luden freundlich ein, fleißig Holz zu holen mit den Worten:

„Wer Hulz braucht, kumm.
Wer arm ist, namm."

Soweit der Bechstein'sche Text – und wenn der deutsche Sagenforscher darin auch seinen irischen Kollegen Knightley und dessen Werk 'Mythologie der Feen und Elfen' erwähnte, so wollte er damit zweifellos auf die „verwandtschaftlichen Beziehungen" anspielen, die es zwischen den Elfen und Feen Mitteleuropas und denen der Grünen Insel gibt. Ludwig Bechstein war sich also bewußt, daß nicht nur in irischen, sondern ebenso in mitteleuropäischen Sagen heidnisch-keltische Erinnerungen fortleben – und im Text von den Moosleuten, Holzweibeln und Heimchen wird das in der Tat sehr deutlich, wenn man ihn auf seinen keltischen Gehalt und Geist hin abklopft.

Zunächst einmal hat das deutsche Zwergenvolk, das in so vielfältiger Gestalt auftritt, bei genauerer Betrachtung eine verblüffende Ähnlichkeit mit dem Kleinen Volk der inselkeltischen Mythologie. Hier wie dort entziehen sich die mitteleuropäischen Zwerge, Elfen, Heimchen und Wichtel, die irischen Leprechauns oder auch das walisische Tylweth Teg (Feen- und Sídhevolk) einer allzu präzisen Definition. Die eigentlich andersweltlichen, aber zuweilen auch im Diesseits auftauchenden geheimnisvollen Wesen changieren quasi zwischen verschiedenen Erscheinungsformen und lassen sich daher niemals ganz scharf ins Auge fassen – doch wenn sie in der irdischen Welt agieren, so tun dies die thüringischen Heimchen nicht anders als die irischen Leprechauns, über die es im 'Lexikon der keltischen Mythologie' von S. und P. F. Botheroyd heißt: „Sie sind nicht böswillig, lieben aber Schabernack, führen Menschen an der Nase herum (...). Wer sie belohnt, für den arbeiten sie: Eine Höhle im (...) County Mayo heißt Mullen

Lupraghan, Leprechauns Mühle; die Bauern pflegten abends Säcke voll Korn dorthin zu bringen, um sie morgens voll feingemahlenem Mehl abzuholen." Die Waldweibchen in Thüringen wiederum helfen den Forstarbeitern; zudem sagen die Heimchen den Menschen gelegentlich die Zukunft voraus, naschen ihnen manchmal auch etwas Brot weg und führen in großen Scharen Reigentänze auf, was neuerlich seine Entsprechungen in den irischen, walisischen und ebenso den schottischen oder bretonischen Überlieferungen hat. Weil dies aber so ist, müssen das Kleine Volk aus Westeuropa und das Zwergenvolk Mitteleuropas gemeinsame keltisch-heidnische Wurzeln haben – und dieses Urkeltische wird in der oben zitierten Bechstein-Sage auch noch durch andere Elemente deutlich.

So taucht eine Königin der Heimchen auf, welche den Namen Perchta trägt und an anderer Stelle als wilde Bertha bezeichnet wird; Perchta aber ist einer der vielen Namen der Großen oder Dreifachen Göttin der Kelten. Bis heute ist im süd- und mitteldeutschen Sprachraum die Erinnerung an Perchta oder die Drei Perchten, auch Bethen genannt, lebendig geblieben; noch immer gibt es dort entsprechende Rituale wie etwa die Tiroler Perchtenläufe, bei denen die Göttin in Gestalt maskierter Tänzerinnen eine Rolle spielt. Die dabei verwendeten Gesichtsmasken und Kostüme sind teils hell, teils dunkel, wodurch das ambivalente Wesen der Großen Göttin symbolisiert wird. Einerseits nämlich wirkt sie im Diesseits, wo sie alles Leben hervorbringt und behütet; andererseits herrscht sie in der für Menschenaugen verschleierten jenseitigen Welt über die Toten und bereitet deren Geist auf die Wiedergeburt in einem neuen Körper vor.

Da Perchtas heiliges Wirken also neben der Diesseits- auch die Anderswelt umfaßt, in welcher die irdischen Gesetze von Raum und Zeit nicht gelten, ist es nur natürlich, daß die Göttin und ebenso ihr Gefolge, das Kleine Volk, Vergangenheit, Gegenwart und Zukunft gleichermaßen überschauen. Und genau das wird, im Einklang mit der uralten druidischen Lehre, auch in der Bechstein-Sage angesprochen, wenn es dort heißt, daß der Volksglaube dem Zirpen der Heimchen prophetische Bedeutung beimißt, oder daß die Erdgeister den Menschen Glück und Unglück im voraus anzeigen.

Einst, als in weiten Teilen Europas noch die keltische Kultur blühte, besaßen nicht nur die Gottheiten, das Kleine Volk und die verschiedenartigen Feen und Alben diese hellseherische Kraft, sondern es gab auch besonders initiierte Menschen mit prophetischen Fähigkeiten: die Ovaten. Diese Wahrsager und Zukunftsdeuter standen ebenso wie die keltischen Priester, Philosophen, Barden, Fürstenberater, Astronomen, Richter, Lehrer und Ärzte im Druidenrang – und was nun wieder die uralte druidische Weisheit an sich betrifft, so schimmert auch sie in der thüringischen Sage von den Moosleuten, Holzweibeln und Heimchen deutlich durch.

Das Kleine Volk nämlich zeigt sich entsprechend der Lehre der Druiden oder Großen Wissenden, wonach alles Leben in seinen verschiedenen diesseitigen und jenseitigen, menschlichen, tierischen, pflanzlichen und sonstigen Ausformungen miteinander verflochten und zu seinem Gedeihen aufeinander angewiesen ist, sehr altruistisch gegenüber den Menschen. Die Waldweibchen laden die bedürftigen Bauern ein, Holz aus dem Forst zu holen; dezidiert werden gerade die Armen aufgefordert, zu kommen und sich das Lebensnotwendige zu nehmen. Dies aber ist Ausdruck der Barmherzigkeit der Großen Göttin, wie sie schon lange vor dem Aufkommen des Christentums von den Druiden gelehrt wurde – und ebenso erinnert eine weitere Passage in der Bechstein-Sage an keltische Weisheit.

„Sooft Holz gefällt wurde, waren sie (die Wichtel) gleich bei der Hand und baten die Holzmacher, daß sie doch, ehe der fallende Baum den Erdboden erreiche, drei Kreuze in den Stock hauen möchten ..." heißt es in der thüringischen Sage. Damit aber verlangt das Kleine Volk von den Holzfällern eine rituelle Ehrung des geschlagenen Baumes, wie sie in der keltischen Welt, in der man noch um Pflanzen-, Tier- und Steinseelen wuß-

te, allgemein üblich war. Die Art und Weise allerdings, wie der sterbende Baum mit seinem Tod ausgesöhnt werden soll, ist im vorliegenden Sagentext nicht mehr rein heidnisch, sondern trägt zum Teil christlich verfälschten Charakter, denn an die Stelle der ursprünglichen, zweifellos ebenfalls drei druidischen Zeichen, die ganz gewiß Bezug zur Dreifachen Göttin hatten, sind hier die drei Kreuze getreten.

Diese partielle christliche Verzerrung einer einstmals ganz und gar heidnisch-keltischen Sage ist bedauerlich – und leider finden sich derartige Verfälschungen und Übertünchungen auch in einer Reihe weiterer Sagentexte aus dem deutschsprachigen, einstmals von Kelten bewohnten Raum, die in diesem Buch vorgestellt werden. Andererseits aber haben sich in diesen Sagen – und das war natürlich das Kriterium für die vorliegende spezielle Auswahl – auch starke keltische und damit rein heidnische Elemente erhalten. Und wenn man diese uralten Metaphern, die Hinweise auf Gottheiten und andersweltliche Wesen, die keltischen Farben- und Zahlensymbole oder die Anspielungen auf druidische Weisheit zu erkennen und sie von späteren christlichen Falsifikationen zu trennen vermag, dann tritt die geistige und spirituelle Schönheit der alten keltischen Welt wieder voll ins Licht.

Damit diese Wiederannäherung an das heidnische Mitteleuropa auf unterhaltsame und spannende

Weise möglich wird, wurden für dieses Buch fast einhundert keltische Sagen aus Deutschland, Österreich, der Schweiz, Böhmen und dem Elsaß gesammelt. Leser, die sich bereits intensiv mit dem Keltentum beschäftigt haben, werden die oben genannten keltisch-heidnischen Elemente in den einzelnen Texten unschwer erkennen; um jedoch auch allen anderen Interessierten, die bislang noch „keltische Laien" sind, einen problemlosen geistigen Zugang zu ermöglichen, soll in den folgenden beiden Kapiteln zunächst eine allgemeinverständliche Einführung in Geschichte, Kultur und Religion der Kelten gegeben werden.

Das Volk aus dem mitteleuropäischen Kessel

Vor etwa dreitausenddreihundert Jahren verschmolzen im Böhmischen Kessel – jener fruchtbaren Landschaft, die im Norden vom Erzgebirge und Riesengebirge, im Osten von den Sudeten und den westlichen Ausläufern der Karpaten und im Süden und Westen vom Bayerischen Wald und Böhmerwald umsäumt wird – zwei Stammesgruppen von höchst unterschiedlicher Herkunft zu einem neuen Volk. Es handelte sich einerseits um die bäuerlichen, längst seßhaft gewordenen Angehörigen der sogenannten Glockenbecherkultur, deren Koch- und Trinkgefäße Glockenform aufwiesen; zum anderen um Reiternomaden, welche aus den Kaukasussteppen nach Mitteleuropa eingewandert waren.

Sowohl die eingesessenen Glockenbecherleute als auch die aus dem Osten stammenden Nomaden gehörten der indoeuropäischen Sprachfamilie an. Ihre jeweiligen Stammessprachen waren aus einer uralten, gemeinsamen Wurzel entstanden, und dies erleichterte vermutlich den Verschmelzungsprozeß der beiden Stammesgruppen; jene weitgehend friedliche Vermischung, als deren Resultat sich nun die sogenannte Urnenfelderkultur herausbildete. Typisch für diese Kultur, welche die späte Bronze- und frühe Eisenzeit (ca. 1300 – 750 v. d. Z.) umfaßte, war die Totenverbrennung; die Tonurnen, welche den Leichenbrand enthielten, wurden in großen Gräberfeldern bestattet. Gegen Ende der Urnenfelderzeit sodann erlebte das Mischvolk im Böhmischen Kessel einen mächtigen zivilisatorischen Aufschwung – und dieser Zivilisationssprung markiert den Beginn der keltischen Kultur.

Etwa ab dem Jahr 750 v. d. Z. revolutionierten die nunmehrigen Kelten oder Keltoi, wie griechische Schriftsteller sie nannten, die Landwirtschaft, indem sie einen ganz neuen, sehr effektiven Typ des Eisenpflugs erfanden und dazu die Dreifelderwirtschaft einführten, wodurch die Ernteerträge enorm gesteigert werden konnten. Dies wiederum führte zu vermehrten Handelskontakten mit Stämmen außerhalb des Böhmischen Kessels, so daß sich die keltische Zivilisation jetzt rasch auch dorthin ausbreitete; insbesondere nach Süden ins heutige Österreich und Bayern.

Im Salzkammergut begannen die Kelten, die sich unterdessen mit den Alpenbewohnern vermischt hatten, mit dem unterirdischen Abbau von Steinsalz in großem Stil; die wichtigsten Bergwerke lagen am Hallstätter See. Bald florierte der Salzhandel, dessen Zentrum das heutige Hallstatt am Westufer des genannten Sees war, dermaßen, daß sich der keltische Einflußbereich rasch weiter ausdehnte: nach Osten bis auf den Balkan, nach Westen bis in die Schweiz und nach Frankreich, nach Norden bis in den mitteldeutschen Raum. Und die Historiker bezeichnen dieses erste mächtige Aufblühen der keltischen Zivilisation nach der Bergwerksstadt im Salzkammergut, wo in der Moderne aufsehenerregende Funde gemacht wurden, als Hallstattkultur.

Diese frühe Epoche der keltischen Zivilisation dauerte ungefähr dreihundert Jahre an; dann, um 450 v. d. Z., kam es erneut zu einer Revolution – diesmal gesellschaftlicher Art. Denn zahlreiche hallstattzeitliche Fernhändler, die mit dem Salz und anderen Handelsgütern enorme Profite machten, hatten sich hoch über das Volk aufgeschwungen und eine allzu selbstherrlich herrschende Fürstenschicht gebildet. Diese Adligen lebten in Bergfestungen, die von gewaltigen Ringwällen umgeben waren, und ließen sich mit außerordentlich reichen Grabbeigaben in riesigen Tumuli bestatten; darüber hinaus hielten sie sich oft Privatarmeen von mehreren hundert Söldnern, mit deren Hilfe sie Wirtschaftskriege gegeneinander führten. Und all dies war nicht im Sinne der Druiden, der geistigen und moralischen Elite der keltischen Kultur, weshalb die Großen Wissenden nun um das Jahr 450 v. d. Z. den Sturz dieser Händlerfürsten betrieben.

Die von den Druiden durchgeführte Revolution war weitgehend erfolgreich; die Festungsherren wurden abgesetzt, die von den Fürsten okkupierte Herrschaft über große Teile des Volkes gebrochen. Nachdem dies gelungen war, etablierten die Großen Wissenden in vielen Teilen der keltischen Welt eine sehr viel vernünftigere Regierungsform. Jetzt traten von den Druiden ausgebildete und geförderte Edle sowohl männlichen als auch weiblichen Geschlechts an die Spitze der Sippen und Stämme; die Großen Wissenden selbst übernahmen die geistige und moralische Führung dieser neuen Adelsschicht und bestimmten auf diese Weise die Richtung der weiteren Entwicklung der keltischen Gesellschaft. Und dieses Prinzip – Anleitung einer tatkräftigen Elite von Edlen durch eine über ihnen stehende geistig-moralische Elite von Druiden und Druidinnen – funktionierte bestens, denn nun nahm die keltische Zivilisation abermals einen faszinierenden Aufschwung.

Diese zweite Epoche der keltischen Kultur, die auf dem europäischen Festland von etwa 450 v. d. Z. bis zum letzten vorchristlichen Jahrhundert und auf den britannischen Inseln noch etwas länger andauerte, bezeichnen die Historiker als La-Tène. In dieser Zeit breitete sich die keltische Zivilisation im Osten bis Anatolien, im Süden bis Norditalien, im Südwesten bis auf die Iberische Halbinsel und im Westen bis ins heutige Frankreich und Belgien sowie nach Britannien und Irland aus. Die Handelsbeziehungen der Kelten reichten nun bis Nordafrika, Palästina und Kleinasien; ausgezeichnete Kontakte gab es dort vor allem mit den Karthagern, Ägyptern und Phöniziern. Im keltischen Siedlungsgebiet selbst wurden zahlreiche Städte, zumeist als Stammeszentren, gegründet; äußerst eindrucksvoll und unverwechselbar blühte dort die Handwerkskunst, speziell die Metallverarbeitung auf – und nach einem sehr reichen Fundort meisterlich gefertigter Waffen und Schmuckstücke bekam die zweite Epoche der keltischen Kultur auch ihren Namen: nach dem Schweizer Ort La-Tène, wo sich einst eine Keltenfestung befand.

Insgesamt bildeten die keltischen Stammesgebiete nun einen Zivilisationsgürtel, wie es ihn in Europa nie zuvor gegeben hatte. In Hunderten durch lebhaften Handel und kulturellen Austausch vernetzten Stammesterritorien regierten die Edlen und ihre druidischen Berater; der einfachen Bevölkerung wurde durchaus ein gewisses Maß an demokratischer Mitbestimmung zugestanden. Diese Föderation der vielen hundert keltischen Volksstämme wäre mächtig genug gewesen, ein europäisches Imperium zu errichten. Dies jedoch lag keineswegs in der Absicht der Druiden, Könige und Häuptlinge; vielmehr strebten die Großen Wissenden und Adligen ein gleichberechtigtes Miteinander in der Welt des vorchristlichen Abendlandes an. Und so hätte mit der Zeit bereits in der Antike ein vereinigtes Europa unter Einbeziehung auch des Nordens und Südens entstehen können – wenn die keltische Welt nicht von einem furchtbaren Feind, dem Römischen Imperium, zerstört worden wäre.

Schon im Jahr 386 v. d. Z. prallten Kelten und Römer erstmals zusammen, weil ein römischer Patrizier einen keltischen Diplomaten vom Stamm der in Norditalien lebenden Senonen ermordet und der römische Senat den Mörder dann auch noch zum Konsul ernannt hatte. Daraufhin griffen die Senonen und einige mit ihnen verbündete Volksstämme unter Führung des Königs Brennus Rom an und stürmten die Tiberstadt; erst nachdem die Überlebenden den Mord an dem keltischen Diplomaten mit tausend Pfund Gold gesühnt hatten, zog Brennus mit seinem Heer wieder ab.

Leider hatte der Keltenkönig aber die römische Bösartigkeit und Macht nicht völlig gebrochen, und dies stellte sich in der Folge als großer Fehler heraus. Denn schon bald hatte sich Rom von dem schweren Schlag, der es getroffen hatte, erholt und agierte von nun an skrupelloser und machtbesessener denn je. Zunächst unterwarfen die Römer die Etrusker, Sabiner, Lukaner und Umbrer und errangen damit die militärische Vorherrschaft in Italien; dann, 285 v. d. Z., eroberten sie das von Kelten besiedelte Norditalien. Die dort lebenden Senonen, Boier, Insubrer, Taurisker und andere Stämme wurden schwer dezimiert und anschließend über die Alpen getrieben; im darauffolgenden Jahrhundert wurden auch die

Kelten in Spanien und Kleinasien angegriffen und versklavt. Im letzten vorchristlichen Jahrhundert schließlich rottete Gaius Julius Cäsar einen Großteil der gallischen Stämme aus; im Jahr 15 v. d. Z. drangen die Römer über die Alpen ins heutige Süddeutschland und Österreich vor, vernichteten unter anderem die Stammesbünde der Räter und Noriker und okkupierten das Land bis zur Donau.

Damit war die keltische Kultur, die einst ganz Europa befruchtet hatte, weitgehend zerstört; einzig in Britannien und Irland lebten noch freie Keltenstämme. Doch schon im Jahr 43 n. d. Z. landeten die Legionen des Römischen Imperiums, das die brutale Gewaltherrschaft über das Abendland, Nordafrika und den Orient anstrebte, auch im südlichen Britannien. Innerhalb kurzer Zeit errichtete Rom dort ebenfalls seine Tyrannei; lediglich Teile des heutigen Wales und Cornwall blieben unabhängig, dazu Schottland und Irland.

Bis ins frühe fünfte Jahrhundert litten die unterjochten Britannier unter der römischen Despotie und dem von Rom im vierten Jahrhundert eingeführten Christentum; dann jedoch begann das Imperium Romanum zusammenzubrechen und mußte seine Legionen aus Westeuropa zurückziehen. Sofort bemühten sich die überlebenden britannischen Druiden und Adligen, die vorrömische keltisch-heidnische Gesellschaft wieder aufzubauen – aber kaum hatten sie damit begonnen, kam es ab dem Jahr 450 zu einer neuerlichen Invasion der Insel. Diesmal waren es germanische Angeln, Sachsen und Jüten, die sich an den südlichen und östlichen Küsten Britanniens festsetzten und alsbald weiter ins Landesinnere vorstießen, und gegen sie kämpften die Inselkelten nun einen heroischen Kampf, der bis heute unvergessen ist.

Es war der Rhiotam (Kriegskönig) Arthur, welcher der germanischen Übermacht in zehn Schlachten verzweifelten Widerstand leistete und die Invasoren noch einmal in die Küstengegenden zurücktrieb, ehe er durch den Verrat seines irregeleiteten Verwandten Medraut (Modred) selbst den Tod fand. Und damit war die keltische Sache auch in Britannien endgültig verloren. Während der folgenden Jahrzehnte überrannten die Angeln, Sachsen und Jüten den gesamten Süden und Osten der Insel; den überlebenden Kelten blieben abermals nur ihre Refugien in Wales, Cornwall und Schottland.

Diese letzten Rückzugsgebiete allerdings verteidigten sie während der folgenden Jahrhunderte erfolgreich gegen die germanischen Heere, so daß die keltisch-heidnische Kultur dort trotz allem hätte bewahrt werden können – wenn sich jetzt nicht das Christentum immer weiter ausgebreitet hätte. Zunächst missionierten römisch-katholische Kleriker die Angelsachsen; dann drang die Kreuzreligion, die mit kaum zu beschreibender Raffinesse und Tücke verbreitet wurde, auch in die keltischen Refugien vor und zerstörte mit der Zeit den so großartigen heidnisch-keltischen Geist. Ein ähnliches Schicksal erlitten die irischen Kelten; auch auf der Grünen Insel wandten sich gerade die unbedarfteren Menschen unter dem verderblichen Einfluß der Missionare, die oft starke Söldnerscharen bei sich hatten, mehr und mehr von den alten und ewigen Gottheiten ab und begannen das Kreuz anzubeten.

Durch die Christianisierung also wurde die uralte keltische Kultur nun auch in Britannien und Irland fast völlig vernichtet; nur in abgelegenen Gegenden bewahrten vereinzelte Druiden noch die Weisheit der heidnischen Religion. Ähnlich war es auf dem Kontinent, wo das Große Wissen in letzten Refugien wie beispielsweise den mitteleuropäischen Waldgebirgen oder den Alpen ebenfalls noch gehütet wurde; hier taten dies Eingeweihte, die man im Mittelalter als „Hagazussa" („Zaunreiter", weil sie sich auf der Grenze zwischen Diesseits- und Anderswelt bewegten) und ab der frühen Neuzeit als Hexen und Hexenmeister bezeichnete.

Auf etwas andere Weise hielt jedoch vielfach auch das einfache Volk an den alten und ewigen Gottheiten, dem keltischen Wiedergeburtsglauben sowie dem Wissen um die Anderswelt und deren Bewohner fest. Denn nach wie vor wurden bis in die Neuzeit herauf in den Wohnstuben der Bauernhöfe und Handwerkerhäuser die uralten Geschichten erzählt, die von der Religion und Weltanschauung der heidnisch-keltischen Zeit künden: in unserem Fall die Sagen des süd- und mitteldeutschen Sprachraumes, auf deren typisch keltische Motive, Glaubensvorstellungen, Zahlen- und Farbensymbolik nun im folgenden Kapitel umfassend eingegangen werden soll.

Die Kelten und ihre geistige Welt

Die keltische Religion unterscheidet sich grundlegend von Christentum, Judentum und Islam, denn im Gegensatz zu den bibelmonotheistischen Religionen, die jeweils nur einen einzigen, männlich gedachten Gott verehren, kennt das Keltentum eine Vielzahl weiblicher, männlicher und anderer Gottheiten. Gravierende Differenzen gibt es auch zwischen den Jenseitsvorstellungen des Bibelmonotheismus und des keltischen Heidentums – und wenn es um rationale Beweise für die Existenz der bibelmonotheistischen oder heidnischen Göttergestalten geht, dann versagen christliche, jüdische und islamische Theologie, während andererseits die reale Gegenwart keltischer Gottheiten problemlos nachgewiesen werden kann.
Diese Behauptung klingt vielleicht vermessen, doch ihr Wahrheitsgehalt soll sofort durch einen Vergleich der Dreifachen oder Großen Göttin der Kelten mit dem jüdischen Urgott Jahwe, der später auch das theologische Vorbild für den christlichen Gottvater und den islamischen Allah abgab, demonstriert werden.
Grundlage des Glaubens an Jahwe sind etwa dreitausend Jahre alte biblische Geschichten über sein stets unsichtbares Auftreten auf der arabischen Halbinsel Sinai oder in Palästina. Jahwe spricht dort aus brennenden Dornenbüschen heraus oder auf Berggipfeln

zum hebräischen Volksführer Moses und verkündet ihm unter anderem die berühmten Zehn Gebote, deren Kernaussagen allerdings zuvor schon in einem Gesetzeswerk des ägyptischen Pharaos Echnaton zu finden sind. Diese Bibelgeschichten – und nichts sonst – bilden nun letztlich die theologische Basis aller drei bibelmonotheistischen Religionen; Juden, Christen und Moslems glauben an die unsichtbare Existenz Jahwes/Gottvaters/Allahs ganz einfach deswegen, weil diese Existenz in der jüdischen Bibel von menschlichen Autoren behauptet wird.

Einen rationalen Beweis für die tatsächliche Gegenwart des bibelmonotheistischen Gottes aber konnten in der mehrtausendjährigen Geschichte ihrer Religionen weder jüdische noch christliche, noch islamische Theologen erbringen – und dies gestehen sie indirekt auch selbst ein, wenn sie nämlich lehren, daß die Existenz ihres Gottes nicht durch die Ratio erkennbar ist, sondern allein durch den unabdingbaren (also blinden) Glauben an Jahwe, Gottvater oder Allah. Im Christentum gelten diese völlig irrationalen Kriterien natürlich auch für Christus und den Heiligen Geist, welche zusammen mit Gottvater eine wiederum monotheistische, untrennbare göttliche Einheit bilden. Freilich ist in Bezug auf Jesus Christus noch nicht einmal zweifelsfrei nachzuweisen, daß er wenigstens als Mensch tatsächlich lebte; etwas anders verhält es sich immerhin mit dem Heiligen Geist. Denn dieser existiert im philosophischen Sinn wirklich; allerdings war er ursprünglich weiblich, hieß Sophia und wurde von den heidnischen Griechen als Göttin der Weisheit verehrt.

Die Griechen definierten damit das real in der Welt gegenwärtige Trachten nach Weisheit sowie insgesamt das Wesen der Weisheit als Erscheinungsform des Göttlichen – und damit kommen wir nun zur Großen Göttin der Kelten, deren tatsächliche Existenz wir auf ähnliche Art erkennen und nachweisen können.

In der keltischen Religion wird die Große Göttin häufig in Gestalt dreier Frauen versinnbildlicht; die erste ist jung und weiß gekleidet, die zweite steht im reifen, mütterlichen Alter und trägt ein rotes Gewand, die dritte ist alt und schwarz gekleidet. Zusammen stehen die drei Frauen für das menschliche (und alles sonstige) Dasein von der Geburt über die Reife und den Tod bis hin zur Wiedergeburt. Die weiße Göttin bringt das Leben hervor, die rote Göttin behütet es mütterlich; die schwarze Göttin geleitet es in den Tod und damit in die Anderswelt, wo sie den Geist eines Verstorbenen auf die Wiedergeburt vorbereitet. Wenn die weiße Göttin danach den in einem neuen Körper reinkarnierten Geist abermals hervorbringt, schließt sich der Kreis oder der Lebenskreislauf – und genau dies ist es, wofür die Große oder

Dreifache Göttin der Kelten steht: Sie ist das Prinzip des ewig sich erneuernden Lebenskreislaufes.

Daß dieses unumstößliche Prinzip aber existiert, läßt sich sehr leicht durch die Beobachtung der Natur beweisen, und damit ist logischerweise auch der Nachweis für die tatsächliche Existenz der Großen Göttin erbracht. Zwar wird sie zum besseren Verständnis häufig in Gestalt der drei Frauen gedacht; in Wahrheit jedoch ist sie die Macht, welche den Lebenskreislauf ermöglicht, den unsterblichen Geist von Menschen, Tieren, Pflanzen und allen sonstigen Erscheinungsformen des irdischen und kosmischen Daseins behütet und den leiblichen Tod wieder und wieder in neues körperliches Leben umwandelt.

Die Kelten verehrten die Große Göttin zumeist im Sinnbild der drei Frauen; ebenso aber erkannten sie die Göttin im wachsenden, vollen, schwindenden und schwarzen Mond und bezeichneten sie in dieser Emanation als Arianrhod, was Silbernes Rad bedeutet. Darüber hinaus tritt uns die Dreifache Göttin in der keltischen Religion öfter auch einzeln in ihrer weißen, roten oder schwarzen Gestalt entgegen. In ihrer jungen Erscheinungsform ist sie dann beispielsweise die Quellgöttin Brigid, in ihrer mütterlichen Emanation Ana oder Dana, in ihrem Todes- und Wiedergeburtsaspekt Morrigan oder Morgana. Manchmal schenkt die Große Göttin, die dann in Gestalt einer edlen Mutterstute gedacht wird, ausgewählten Menschen, etwa den Barden, ungewöhnliche geistige Schöpferkraft und verbindet sie auf diese besondere Weise mit der Anderswelt. Wo sie dies tut, heißt sie Epona oder Rhiannon, wobei der letztgenannte Name Königin von Annwn, also Königin der Anderswelt, bedeutet.

Eindeutig steht die Große Göttin, die im mitteleuropäischen Raum in ihrer Dreigestalt häufig als Wilbeth, Ambeth und Borbeth oder einfacher als die Drei Bethen oder Bethe beziehungsweise Perchta bezeichnet wird, im Zentrum des keltischen Pantheons. Um sie herum gruppiert sich eine Reihe weiterer Gottheiten, die teils männlichen Charakter tragen; der bekannteste unter diesen ist Lugh.

Seine Gestalt ist ambivalent. Einerseits ist er als Sonnengott – als lebenspendendes Prinzip der Sonne – Partner oder Sohn der Großen Göttin, die in diesem Fall als Erdmutter beziehungsweise als kosmische Mutter gedacht wird; andererseits ist Lugh Lehrer und Förderer der Menschen sowie ihr prophetischer Berater. Wenn er in dieser irdischen Erscheinungsform auftritt, trägt er oft einen dunklen Umhang mit Kapuze, die sein Antlitz verhüllt; ähnlich wie der germanische Odin ist er als vermummter Gott einäugig, zudem hinkt er manchmal und wird öfter von Raben begleitet. Sein einziges Auge, das über besondere Sehschärfe verfügt, und die Raben symbolisieren seine prophetische Kraft; ansonsten ist Lugh als Wanderer auf Erden der unübertroffene Meister aller Künste und handwerklichen Tätigkeiten und wirkt als solcher für die Menschen als Vorbild.

Zwei weitere Götter des keltischen Pantheons sind Cernunnos und Taranis. Auf dem Kessel von Gundestrup, einem sehr wertvollen Sakralgefäß des La-Tène, wird Cernunnos als Mann mit Hirschgeweih dargestellt, der in Meditationshaltung auf der Erde sitzt; in der linken Hand hält er eine große Schlange, in der rechten einen Torques. Durch eine Pflanzenranke mit drei Blättern, die zwischen seinen Geweihstangen sprießt, ist Cernunnos mit der Dreifachen Göttin verbunden – und die heilige Gesetzmäßigkeit, die er versinnbildlicht, ist durch die vielen Sprossen seines Geweihs ausgedrückt. Cernunnos nämlich verkörpert das Prinzip von der reichen Vielfalt des Lebens; jener überschäumenden Vielfalt, welche unter anderem durch die Schlange (ein Symbol für Erdkraft und Wiedergeburt) und durch den Torques mit den beiden offenen, einander gegenüberliegenden Enden (quasi ein weiblich-männliches Yin-und-Yang-Symbol) ermöglicht wird.

Taranis wiederum – Taran bedeutet Donner – ist der keltische Donnergott; er versinnbildlicht das Prinzip der irdischen und kosmischen Ur- und Elementarkräfte und wird wegen seiner wilden, archaischen Macht manchmal auch als Stiergott gedacht. Taranis ist also derjenige, der im Zusammenwirken mit der weißen und schwarzen Göttin das Leben aus dem brodelnden Chaos heraus erschafft, es aber in Kataklysmen auch wieder zerstört, um es sodann erneut hervorzubringen. Außerdem ist Taranis, der zuweilen mit einem zwölfspeichigen Rad dargestellt wird, auch der Gott oder das Prinzip des zwölfteiligen Siderischen Jahres: jener kosmischen Zeitspanne von circa 25.000 Jahren, in welcher die Sternbilder der zwölf Tierkreiszeichen nacheinander an einer bestimmten Stelle des Nachthimmels erscheinen, um ihren Kreislauf anschließend wieder von vorne zu beginnen.

In gewisser Weise korrespondiert der hünenhafte Gott Dagda oder Erc mit Taranis; er ist mit einer mächtigen Keule bewaffnet, mit deren einem Ende er tötet und mit deren anderem Ende er die Erschlagenen zu neuem Leben erweckt. In seiner Gestalt und seinem Wirken läßt sich also einmal mehr das Lebenskreislauf- oder Wiedergeburtsprinzip erkennen – und das gilt auch für weitere keltische Gottheiten, die hier aber nicht mehr vorgestellt werden sollen, weil sie in den Sagen, die für dieses Buch zusammengetragen wurden, nicht auftauchen. Vielmehr wollen wir uns nun jenen halbgöttlichen Wesen und sonstigen Andersweltbewohnern zuwenden, welche in der keltischen Mythologie eine beinahe ebenso wichtige Rolle wie die Gottheiten selbst spielen.

Auf das Kleine Volk und seine sehr unterschiedlichen Erscheinungsformen wurde in der Einführung zu diesem Werk bereits ausführlich eingegangen; prinzipiell gilt, daß in Gestalt der Zwerge, Heimchen, Waldweiblein und der anderen winzigen Wesen die eigentlich in Annwn, der Anderswelt, lebenden Toten im Diesseits in Erscheinung treten. Die Iren bezeichnen dieses Kleine Volk in seiner Gesamtheit auch als Sídhe (ein einzelner Zwerg oder dergleichen ist ein Sídh); doch ebenso tragen in Irland die Feen, Alben und Fomorier diesen Sammelnamen.

Was zunächst die Feen (weiblich) und Elfen, respektive Alben (männlich) angeht, so handelt es sich bei ihnen um Halbgöttinnen und Halbgötter, die man auch als menschliche oder teilmenschliche Verkörperungen bestimmter Teile der Natur bezeichnen könnte: beispielsweise von Wäldern, Bergen oder Seen. Die Feen und Alben stellen also abermals das Wesen oder das innere Prinzip einer solchen Landschaft dar; wenn sie mit einem Gewässer verbunden sind, werden sie auch Nixen genannt, wobei zwischen dem männlichen Nix und der weiblichen Nixe unterschieden wird. Zumindest die Wasserfeen und Wasseralben haben Königinnen oder Könige wie beispielsweise den irischen Meeresherrscher Manannann Mac Lir, der zu den keltischen Göttern zählt; was die Feen und Alben des Festlandes betrifft, so taucht der Königsbegriff im Zusammenhang mit ihnen in den erhaltenen Mythen eher selten auf, doch scheinen diese erdgebundenen Sídhe zumeist direkt der Großen Göttin zugesellt zu sein.

Eine gewisse Besonderheit im Pantheon der Andersweltwesen stellen schließlich die Fomorier dar, die zumeist als ungeschlachte, manchmal einäugige Riesen erscheinen. Sie müssen wohl dem Gott Taranis zugeordnet werden, denn ebenso wie er haben sie mit dem Chaos und dem Archaischen zu tun; oft brechen sie wild über die Welt und das Leben der Menschen herein und richten fürchterliche Verheerungen an. In den Mythen werden sie dann von Göttern, Halbgöttern oder auch herausragenden Helden bekämpft und getötet oder gezähmt, wobei ihre urtümliche Kraft manchmal auf diejenigen übergeht, die sie überwunden haben.

Ebenso wie das Kleine Volk, die Feen und Alben entstammen die Fomorier der Anderswelt, und dieses jenseitige Reich, auch Annwn genannt, spielt in der keltischen Religion und Mythologie eine außerordentlich wichtige Rolle. Unter Annwn versteht man die verborgene, vierte Dimension des irdischen und kosmischen Daseins, welche eng, aber unsichtbar mit der Diesseitswelt verflochten ist. Nach seinem irdischen Tod geht der Geist eines Verstorbenen in die Anderswelt ein, wo er auf seine Wiedergeburt in einem neuen Körper vorbereitet wird. Der Geist des Toten durchläuft einen auf die Reinkarnation hinzielenden Erkenntnis- und Lernprozeß, wobei er von räumlichen und zeitlichen Fesseln befreit ist; der mentale Austausch mit anderen Sídhe und vielleicht auch mit den Gottheiten ermöglicht ihm ein umfassendes Begreifen und Werten seines vergangenen Lebens und damit die optimale Wahl seiner nächsten irdischen Existenz.

Da der Totengeist nicht im mindesten eingeengt ist, kann er sich, sofern er will, vorübergehend auch wieder im Diesseits manifestieren; dies geschieht in einem feinstofflichen, also kleinen Leib, womit die zwergenhafte Gestalt vieler Sídhe in den alten Überlieferungen erklärt ist. Auf ähnliche Art wie die Verstorbenen, jedoch körperlich größer, erscheinen auch die Feen, Alben, Fomorier und manchmal sogar die Gottheiten in der irdischen Dimension, wobei sich natürlich die Frage stellt, wie real diese Manifestationen, gerade der Götter und Sídhe, sind: Ob sie lediglich in den Mythen und Sagen passieren – oder womöglich doch ganz konkret?

Die Antwort darauf ist nicht einfach, denn es geht hier um eines der größten Rätsel der heidnischen Religion; so viel immerhin läßt sich sagen: Obwohl die Gottheiten und höheren Sídhe im keltischen Glauben als Verkörperungen bestimmter irdischer und kosmischer Prinzipien gedacht sind, existieren sie dennoch über diese geistig-abstrakte Dimension hin-

aus, so daß ihnen letztlich alles möglich ist: auch das, was sich menschlichem Begreifen schlicht entzieht.
Selbst die Priesterdruiden und Barden, welche die mythologischen Metaphern der keltischen Religion schufen, mußten sich bei der Definition der Gottheiten, der Sídhe und des Reiches von Annwn auf symbolische Gleichnisse beschränken, um im Rahmen der normalen menschlichen Auffassungsgabe noch verständlich zu bleiben. Aus diesem Grund wurde die Anderswelt beispielsweise als unbeschreiblich schöner Kristallpalast auf dem Grund eines Sees oder tief im Inneren eines Berges geschildert; wurde von Menschen erzählt, die sich drei Tage in Annwn aufhielten und nach ihrer Rückkehr in die irdische Welt erkannten, daß sie drei Jahre fortgewesen waren.
Ebenso wurde die Anderswelt, die immer zugleich auch Schoß der Großen Göttin und damit die ewige Quelle von Leben, Tod und Wiedergeburt ist, von den Druiden als heiliger Kessel oder Kessel der Fülle bezeichnet – womit wir eine weitere wichtige keltische Metapher kennenlernen. Sehr häufig taucht der große Kessel, meist aus Edelmetall geformt, in den alten Überlieferungen auf; manchmal kann auch ein Glas oder ein Topf an seine Stelle treten, wie der Sagenteil dieses Buches zeigt.
Ein ebenfalls bedeutsames Element in der Religion der Kelten ist der Glaube, daß zuweilen die Erscheinungsform des göttlichen, sídhehaften, menschli-

chen, tierischen oder pflanzlichen Körpers auf andersweltliche Weise gebrochen wird – und zwar durch die Metamorphose. So können sich wunderschöne Göttinnen oder Feen jäh in scheinbar abstoßende Schlangen verwandeln; Zwerge werden zu Riesen, Männer zu Werwölfen. Im spirituellen Sinn drücken diese Metamorphosevorstellungen die enge Verflechtung allen Seins und die damit verbundene Möglichkeit zur vielfältigen körperlichen Umwandlung aus; dazu indirekt sicher auch das Wissen um die Seelenwanderung.

Schließlich ist es zum Verständnis bestimmter Sagentexte noch nötig, auf die sakralen Zahlen in der keltischen Mythologie einzugehen. Ähnlich wie die Farben Weiß, Rot und Schwarz (gelegentlich statt Weiß auch Silber oder Gold und Blau statt Schwarz), welche der Großen Göttin zugeordnet sind, symbolisieren die heiligen Zahlen etwas sehr Hochstehendes, wobei natürlich die Drei die Dreifache Göttin selbst kennzeichnet. Die Vier wiederum steht für die vier Himmelsrichtungen sowie die vier sakralen Elemente Erde, Luft, Wasser und Feuer – und symbolisiert damit zugleich das Weite, Allumfassende im irdisch-greifbaren, spirituellen und andersweltlichen Bereich. Die Fünf ist den Druiden zugeordnet. Sie steht für die fünfdimensionale Kosmologie der Großen Wissenden, welche die drei sichtbaren Dimensionen, die vierte Dimension von Annwn sowie eine all dies in sich bergende fünfte Dimension umfaßt; ausgedrückt wird diese Kosmologie durch das Pentagramm. Die Neun ist die potenzierte Drei und kennzeichnet die Große Göttin in ihrer kosmischen Dimension; zudem ist auch die Dreizehn, die Zahl der dreizehn Mondmonate, mit der Göttin verknüpft, wenn diese nämlich als Arianrhod erscheint. Nachdem wir nun die „wichtigsten" keltischen Gottheiten, das Wesen der Sídhe, die Natur der Anderswelt, die Grundzüge des keltischen Weltbildes, in dessen Mittelpunkt der Wiedergeburtsglaube steht, sowie die keltische Farben- und Zahlensymbolik kennengelernt haben, können wir uns den Sagen zuwenden, in denen sich vieles an heidnisch-keltischer Weisheit erhalten hat.

***

Die nun folgende Textsammlung wurde aus den einschlägigen Werken der klassischen deutschen Sagenforscher Jacob und Wilhelm Grimm und Ludwig Bechstein sowie aus einer ganzen Reihe regionaler, oft längst vergriffener Sammelwerke herausgefiltert, welche in Deutschland, Österreich, der Schweiz und dem ehemals weitgehend deutschsprachigen Böhmen erschienen sind. Da letztere Werke nur noch sehr schwer oder gar nicht mehr zu bekommen sind, wird hier auf eine Bibliographie verzichtet.
Was die sprachliche Gestaltung der teils in sehr antiquierter Form überlieferten Sagen angeht, so wurden

die Texte für heutige Leser modernisiert, wobei aber sorgsam darauf geachtet wurde, daß die inhaltliche und erzählerische Substanz erhalten blieb. Einzelne, nicht sinnentstellende Kürzungen wurden durch (...) gekennzeichnet. Um das Erkennen der diversen keltisch-heidnischen Sagenmotive zu erleichtern, wurden die Texte kapitelweise nach Themenkreisen geordnet. Wo eine solche Zuordnung nicht eindeutig möglich war, weil in einer Sage beispielsweise sowohl eine Göttin als auch eine Andersweltschilderung auftaucht, wurde der entsprechende Text nach dem Kriterium des erzählerischen Schwerpunktes eingeordnet. Die Interpretationen des Autors schließlich, die jeder Sage in Kursivschrift angefügt sind, sollen zusätzliche Verständnishilfen geben.

„Die Saligen Frauen" und andere Göttinnensagen

Die drei Jungfern
(Bayern)

Über Berchtesgaden, oder wie sie es dort in der Gegend nennen, Berchtelsgaden, ragt ein hoher Alpenberg, der Kirnberg, empor; der hat drei spitze Zakken, und diese Zacken heißen die drei Jungfern.

Es waren drei Jungfern im Ort, die putzten sich und strählten ihr Haar und flochten es einander wunderschön, denn sie wollten zum Tanz gehen. Und sie waren mitnichten in die Kirche gegangen, als es zur Messe geläutet hatte, und wie sie im besten Haarflechten waren, da läutete es zur Wandlung. Und sie hörten den Schall, aber ihre Finger waren so geschäftig, daß keine sich die Zeit nahm, sich zu bekreuzigen.

Die eine sprach bloß: „Horcht, es läutet zur Wandlung!" – „Meinetwegen!" sprach die zweite. – „Wandlung hin, Wandlung her!" sprach die dritte.

Da wurden ihnen die Finger so steif und so kalt, und die Zöpfe starrten wie Eiszapfen und waren nicht mehr geschmeidig, und die Stubenwand wich. Und es wurde öde um sie her, und sie hoben sich und fühlten sich gehoben und sind drei Felsenzacken geworden und geblieben immerdar.

***

Der heute untergegangene Name Berchtelsgaden für Berchtesgaden in Oberbayern würde die Sage auch ohne das Auftreten der drei schönen Jungfrauen als keltisch kennzeichnen. Denn das alte Wort Berchtelsgaden ist unschwer zu entschlüsseln; in Berchtel stecken die Perchten, und unter einem Gaden verstand man früher eine Schlafkammer, so daß Berchtelsgaden Schlafkammer der Perchten bedeutet. Mit dieser Schlafkammer ist wahrscheinlich der dreigipfelige Kirnberg selbst gemeint, in dem die drei Perchten seit der Christianisierung des Landes im verborgenen ruhen – und wo es einst vermutlich ein von Druidinnen gehütetes Heiligtum gab. Daß die keltischen Göttinnen oder auch die Druidinnen, die als Jungfrauen beziehungsweise junge Frauen speziell der Weißen Göttin Brigid gedient hätten, dem Christentum ablehnend gegenüberstehen, kommt in der Sage deutlich zum Ausdruck. Der Schlußteil der Sage, wonach sie zur Strafe für ihre Ablehnung des Christentums in Felszacken verwandelt werden, trägt christlich-propagandistischen Charakter.

Das Kind im Dreisesselberg
(Bayern)

Eine arme Frau aus dem Bayerischen Wald ging mit ihrem fünfjährigen Mädchen auf den Dreisesselberg,

um Viehfutter zu holen. In den turmhohen Felsen des Berges entdeckte sie eine Öffnung. Sie schlüpfte mit dem Kind hinein und kam durch einen langen Gang in einen prächtigen Saal, wo Haufen von Gold, Silber und Edelsteinen aufgestapelt waren. Die Frau raffte von den Kostbarkeiten zusammen, soviel sie tragen konnte, und brachte den Schatz ins Freie.
Als sie jedoch anschließend auch ihre kleine Tochter holen wollte, fand sie den Eingang zum Höhlensaal nicht mehr. Das Mädchen war im Berg verschollen, und die Mutter verging fast vor Trauer. Genau ein Jahr später sammelte die Frau erneut Futter am Dreisessel. Wie schon so oft hielt sie auch diesmal wieder Umschau nach dem Eingang zu jenem unterirdischen Saal. Da stieß sie hinter einem Dornenstrauch auf die langgesuchte Öffnung. Sie legte den Zugang frei, lief durch den Gang – und sah ihr Kind im Grottensaal sitzen. Außer sich vor Glück brachte die Mutter das Mädchen nach Hause.
Dort erzählte das Kind, daß es ihm in dem Bergsaal sehr gut ergangen sei. Jeden Tag seien drei schöne Edelfrauen zu ihm gekommen, die hätten ihm zu essen und zu trinken gebracht und mit ihm gespielt. Auch hätten sie ihm drei Samtkleidchen geschenkt: ein goldenes, ein rotes und ein blaues.

***

Eindeutig wird in den drei, im andersweltlichen Berg lebenden Edelfrauen die Dreifache Göttin kenntlich; die

Kleider, welche das Mädchen von der Göttin bekommt, haben deren Farben.

Die drei Prinzessinnen auf dem Dreisessel
(Bayern)

Einst zogen drei Prinzen aus, um sich neue Länder zu suchen. Sie kamen zum Dreisesselfelsen im Bayerischen Wald; als sie ringsum die herrlichen Wälder und saftigen Wiesen sahen, gefiel ihnen die Gegend so gut, daß sie beschlossen, zu bleiben. Sie setzten sich auf die drei Steinsessel, die im Dreisesselfelsen eingehauen sind, und teilten das Land unter sich auf. Aber sie hatten keine Kronen, und ohne Kronen wollten sie nicht regieren. So verweilten sie ratlos auf dem hohen Berg.
Da kamen drei Prinzessinnen geflogen, die hatten schneeweiße Samtkleider und Hermelinschürzen an. In der Schürze hatte jede eine Krone versteckt, die sie den Prinzen gaben. In ihrer Freude versprachen die jungen Könige den Jungfrauen, sie zu heiraten. Doch dann wurden die Könige wortbrüchig. Sie freiten die Jungfrauen nicht, sondern bannten sie in den nahen Plöckensteinsee; danach zogen sie mit den goldenen Kronen zurück in ihre Vaterländer.
Die drei Jungfrauen aber warten im Zaubersee noch immer auf ihre Erlösung, und in jeder Dreikönigs-

nacht kommen sie zum Dreisesselfelsen und klagen um ihre verlorenen Kronen.

***

Auch in dieser Sage erscheint am Dreisesselberg die Dreifache Göttin und erhebt als Herrin allen Lebens die drei Prinzen zu Königen. Was die Farben der Göttin angeht, so ist das Weiß ihrer Gewänder klar; Rot und Schwarz jedoch sind quasi in den Hermelinschürzen verborgen und werden erst kenntlich, wenn man sich vor Augen führt, daß das Hermelin im Sommer einen rotbraunen Pelz trägt, im Winter dagegen ein weißes Fell mit schwarzer Schwanzspitze. – Im Verrat der Prinzen an den drei Prinzessinnen steckt sicher die fatale Erinnerung an die Christianisierung des Bayerischen Waldes, doch die Göttin ist nicht für immer verschwunden, sondern erwartet – ganz typisch keltisch – im heiligen See ihre Erlösung: die Befreiung des Landes vom Christentum.

Der Hirte Anerl
(Bayern)

Der Hirte Anerl, der in Kreuzberg im Bayerischen Wald lebte, hat einmal seinen Ringstock genommen und einen Kreis um seine Herde gezogen. Dann hat er den Ringstecken in der Mitte in die Erde gesteckt, so konnte er das Vieh gut zusammenhalten. Auf diese Weise hat er den ganzen lieben Tag viel Zeit gehabt, die er sich mit Pechhackeln und Kräutersammeln vertrieb. Sein Weib, die Hirtin, hatte nur eine einzige Kuh; die aber gab mehr Milch als drei andere. Deshalb hatte sie Butter und Schmalz in Hülle und Fülle, aber niemand wollte ihr etwas abkaufen, weil die Leute nämlich gewußt haben, wie und wo das Zeug hergekommen ist.

Nach seinem Tod hat der Anerl keine Ruhe finden können. Die Leichenwächter sind in der Nacht verscheucht worden. Während des Begräbnisses ist ein gewaltiger Gewittersturm losgebrochen. Und am nächsten Tag ist die Leiche mit dem Gesicht nach unten beim Brunnen der heiligen Anna unterhalb der Kreuzberger Kirche gelegen. Drei Geistliche mußten kommen, aber nur der älteste von ihnen hat über das Gespenst Macht gewonnen.

Bei der Beschwörung gestand der tote Anerl, daß er drei Hostien nicht genossen hatte. Die erste gab er in seinen Ringstock, die zweite in den Balken hinter dem Kuhbarren im Stall, die dritte unter die Schwelle seiner Haustür. Die erste hat ihm das Vieh zusammengehalten, die zweite hat die Hirtin reich an Butter und Schmalz gemacht, die dritte hat alle bösen Feinde von seiner Türschwelle abgehalten.

Zuletzt ist das Gespenst des Hirten Anerl in den Rachelsee verschafft worden; seine Leiche blieb dann auch im Grab.

***

Ana oder Dana lautet der älteste Name der Großen Göttin, und im Dorf Kreuzberg bei Freyung im Bayerischen Wald gibt es bis heute eine Brunnenkapelle, welche der christlichen Heiligen Anna geweiht ist, und in der Kreuzberger Kirche wird zur Anna Selbdritt gebetet. Einst gab es auf dem Kreuzberg zweifellos ein heidnisch-keltisches Heiligtum der Dreifachen Göttin, wo selbstverständlich auch Druiden lebten – und die Erinnerung an diese Druiden oder vielleicht auch nur an die letzten von ihnen hat sich in der Sage vom Hirten Anerl und seiner Frau erhalten. Diese beiden nämlich sind eindeutig Heiden und verfügen über Großes Wissen – weshalb sie in Teilen der freilich nicht allzusehr christlich beeinflußten Sage auch mit negativem Beigeschmack dargestellt werden.

Der quillende Brunnen
(Bayern)

An einem Berge in Franken quillt ein Brunnen, in dessen Nähe ein vornehmes adliges Geschlecht sein Stammhaus hat. Das ganze Jahr über hat der Brunnen schönes, lauteres, überquellendes Wasser, das nicht eher zu fließen aufhört, als wenn jemand aus dem genannten Geschlecht sterben soll. Alsdann vertrocknet er sogar, so daß man fast kein Zeichen oder eine Spur mehr davon findet, daß jemals ein Brunnen daselbst gewesen.

Als zuzeiten ein alter Herr des genannten adligen Stammes in fremden Landen auf den Tod darniederlag und, bereits achtzigjährig, seinen baldigen Tod mutmaßte, sandte er einen Boten in seine Heimat ab, der sich erkundigen sollte, ob der Brunnen vertrockne. Bei der Ankunft des Boten war das Wasser versiegt; allein man gebot ihm ernstlich, es dem alten Herrn zu verschweigen, vielmehr zu sagen: Der Brunnen befinde sich noch richtig und voll Wassers, damit ihm keine traurigen Gedanken erweckt würden.

Da, als der Bote zu ihm zurückkehrte, lachte der Alte und tadelte sich selbst, daß er von dem Brunnen abergläubisch zu erfahren gesucht, was im Wohlgefallen Gottes stände, und schickte sich zu seinem seligen Abschied an. Plötzlich aber wurde es besser mit seiner Krankheit, und nicht lange, so kam er wieder von seinem Krankenlager auf.

Damit der Brunnen jedoch nicht vergebens versiegt war und ihm seine seit langen Jahren bewährte Bedeutung erhalten bliebe, trug es sich zu, daß ein junger Adliger des Geschlechts von einem untreuen Pferd abgeworfen wurde und gleich zu der nämlichen Zeit den Tod erlitt.

***

Die Sage ist leicht christlich übertüncht, aber ihr keltischer Kerngehalt ist gut erkennbar: Das Leben währt, solange die lebenspendende Quelle der weißen Göttin Brigid sprudelt. Wenn sich die weiße Göttin aber in die schwarze verwandelt, dann versiegt der Born – und der Tod beendet das irdische Leben.

Schleusingens Ursprung und Name
(Bayern)

Von dem Ursprung der Stadt Schleusingen wird eine Sage erzählt, die sich an das Wahrzeichen dieser Stadt, eine Sirene oder Wassernixe, knüpft, welches Wahrzeichen auf einem Schild am Rathaus noch zu sehen ist.

Ein reicher Graf jagte in den Waldungen dieser Gegend, lange vorher, ehe die Stadt vorhanden war, und verfolgte unablässig ein weißes Reh, ohne dieses jedoch erjagen zu können. Darüber brach die Nacht herein, und der Graf, welcher von seinen Begleitern ganz abgekommen war, mußte sich auf der bloßen Erde des Waldbodens zur Ruhe legen. Schon hatte er sich am Fuß eines felsigen Berges niedergelegt, als er einen ungewöhnlichen Glanz gewahrte und eine funkelnde Grotte erblickte, in welcher sich ein kristallenes Becken befand. Drei silberne Quellen ergossen sich hinein, und auf den lichten Wellen wiegte sich eine reizende Wasserfee, die um ihre Stirn ein blitzendes Band trug, darauf die Zeichen SLVS zu lesen waren.

Diese Fee erhob einen süßen und bezaubernden Gesang, und als sie geendet hatte, winkte sie den Grafen zu sich hin und vertraute ihm an, daß jenes weiße Reh, welches er verfolgt hatte, ihre Tochter sei, die ein böser Zauberer verwandelt habe, der oben auf dem Berg über dem Quellbrunnen in einem gewaltigen und festen Turm wohne. Diesen Zauberer wolle sie in Schlaf singen, und der Graf solle ihn überwältigen und töten. Das werde ihm durch die Kraft der Worte gelingen, die ihr Stirnband zierten und welche bedeuteten: Sie (nämlich die Tochter der Wasserfee) Liebe Vnd Siege!

Das alles geschah nun auch wirklich, und als der böse Zauberer getötet war, mußte der Graf das weiße Reh dreimal mit der Flut des Kristallborns benetzen, dessen drei Quellen die drei vereinten Bergwasser – die Schleuse, die Erle und die Nahe – bedeuteten, worauf das Reh sich in ein wunderschönes Fräulein verwandelte.

Mit diesem vermählte sich der Graf und nannte sich und sein Geschlecht von der Brunnstätte, gründete das Schloß und die Stadt Schleusingen, deren Name sich aus den drei geheimnisvollen Buchstaben SLVS bildete, und welche zum Wahrzeichen die Sirene in ihrem Stadtwappen behielt. Die Wasserfee soll noch im Schloßbrunnen, dem klarsten und besten der Stadt, wohnen (...).

***

Die Symbolsprache dieser Sage ist eindeutig. Das weiße Reh, die silbernen Quellen, die lichten Wellen, auf denen sich die Wasserfee wiegt, und dazu die mehrfach auftauchende Drei – das alles kennzeichnet die Dreifache Göttin in ihrer jugendlichen Gestalt als Brigid. Diese Erschei-

nungsform ist hier in die junge, liebreizende Mutter und die ebenfalls wunderschöne Tochter gedoppelt, wobei die Tochter eine Metamorphose vom Reh zur menschlichen Braut des Grafen durchmacht; zuvor hat die weiße Göttin mit Hilfe des Grafen den schwarzen Tod, den Zauberer im dunklen Turm, überwunden. Am Schluß der Sage, wo die eigentlich vier Buchstaben SLVS sehr bewußt als drei Buchstaben (LV und dazu zweimal das S) bezeichnet werden, handelt die Göttin Brigid erneut ganz nach ihrer Natur: Sie sorgt dafür, daß ein Schloß und eine Stadt gegründet werden – daß Schleusingen also quasi geboren wird.

Die Petersstirne
(Bayern)

Bei Schweinfurt war ein hoher Hügel, da wo das rechte Maingelände von Mainberg her mit seinen reichen Rebenpflanzungen endet, die Petersstirne genannt. Darauf hatte in alter Zeit eine Burg und später dann ein Kloster gestanden. Jetzt wird die Petersstirne von der Eisenbahn durchschnitten, bei deren Bau sich viele Menschenknochen gefunden haben. Von dieser Petersstirne gehen mancherlei Sagen im Volksmund um. Viele haben schon zu verschiedener Zeit und Stunde drei Jungfrauen in schneeweißen Kleidern auf diesen Mauertrümmern sitzen sehen.

Einer Frau aus Schweinfurt erschienen einst diese drei Jungfrauen im Traum und sagten ihr, sie möge auf die Petersstirne gehen und dort einen Schatz heben. Sehr frühzeitig erwachte die Frau, kleidete sich an und wurde von einer drängenden Sehnsucht nach jenem Ort erfüllt, so daß sie ihm unverweilt zueilte. Schon stand sie am Fuß des Berges, als die ersten Strahlen der Morgensonne jene Mauertrümmer und das kleine Häuschen vergoldeten, welches daneben für die Weinbergshüter erbaut stand. Da erblickte sie droben die drei Jungfrauen gerade so, wie sie ihr im Traum erschienen waren: freundlich winkend. Aber der wunderbare Anblick dieser geisterhaften Wesen erschreckte die Frau auf den Tod, so daß sie bewußtlos niedersank. Andere Weinbergsleute fanden sie und brachten sie wieder zum Bewußtsein. Hastig blickte sie nach den drei Jungfrauen, doch diese waren verschwunden.

Als die Frau zu ihrem Mann zurückgeführt wurde, schalt dieser sie aus, weil sie nicht mehr Mut an den Tag gelegt hatte; hätte sie anders gehandelt, würde sie ihr und sein Glück gemacht haben. Auch einem Bürger aus Schweinfurt sind auf der Mainseite, dicht über der Petersstirne, da er auf der alten Straße fuhr, in einer stürmischen Novembernacht die drei Jungfrauen, schleierweiß auf der Mauer stehend, erschienen. Und es schauderte ihn, so daß er eilends vorüberfuhr.

Auf der Petersstirne ist schon oftmals eine Schlange erblickt worden, die trägt auf ihrem Haupt ein goldenes Krönlein. Einst ging ein Weinbauer den Berg hinauf, wo noch die geringen Mauerschädel des alten Klosters liegen. Da rauschte ihm mit raschem Ringeln eine große und glänzende Schlange entgegen; die trug auf dem Haupt eine goldene Krone und im Maul einen großen Bund Schlüssel, welche glitzerten und klingelten wie Silber. Der Hecker entsetzte sich und hob seine Haue, um nach der Schlange zu schlagen – da sah ihn die Schlange wehmütig an und bezauberte ihn mit ihrem Blick, so daß er regungslos dastand, und da sah er dann, daß sie weinte wie ein Kind. Als das einige Minuten gedauert hatte, verschwand die Schlange in der Erde und war ihm aus den Augen und hinweg, und es war nirgends im Boden ein Loch zu sehen. Die Tränen aber, welche die Schlange geweint hatte, sind große, köstliche Perlen gewesen und haben den Hecker reich gemacht.

***

In den drei weißen Jungfrauen wird die Dreifache Göttin in ihrer jungen Gestalt kenntlich, welche den Schatz der heidnischen Weisheit hütet. Im abschließenden Teil der Sage erscheint Brigid in einer Metamorphose als Schlange. Sie weint über den Hecker, der ihr göttliches Wesen nicht erkennt und sie sogar bedroht – und beschenkt ihn trotz seines spirituellen Unvermögens mit den Tränenperlen.

Die Saligen Frauen
(Tirol)

Unter den Zauberwesen, welche in den Tiroler Bergen leben, stehen die Drei Saligen Frauen ganz obenan. Sie hausen in den Wäldern, aber auch im Inneren der Berge; ebenso haben sie unter Felsen und Gletschern ihr überirdisches Reich. Sehr selten nur gestatten sie einem Menschen, sie zu besuchen – wenn sie jedoch einen für würdig erachten, dann schenken sie ihm ihre Freundschaft und Hilfe. Benimmt sich dieser Mensch jedoch später respektlos und äußert sich anderen gegenüber gedankenlos über das Heilige, das er erfahren hat, so werden die verratenen Frauen wütend und bestrafen den dummen Schwätzer.
Einst stieg eine arme Hirtenfrau aus dem Ötztal zusammen mit ihrem kleinen Buben zu einer Almhütte hinauf, wo ihr Mann das Vieh hütete. Als sie zu einer Wegkapelle kam, betete sie dort; der Kleine spielte unterdessen am Rand des Pfades. Da stieß auf einmal ein Geier herab, krallte sich den Buben und raubte ihn vor den Augen der Mutter. Auf einem Felsblock nahe der Almhütte, wo sich der Hirte aufhielt, ging der Geier wieder nieder; mit Steinwürfen vertrieb der Mann den Raubvogel und rettete dadurch seinen Sohn. In dieser Rettung sahen die Eltern nichts weiter als einen gnädigen Zufall – in Wahrheit jedoch hatten die Drei Saligen Frauen eingegriffen. Sie lebten

nämlich oberhalb der Almhütte unter einer gewaltigen Felswand, welche man die Mohrin nennt. Und von dort aus hatten sie den Geier dazu gebracht, auf den Felsen bei der Hütte niederzugehen, so daß der Hirte dank der Hilfe der Saligen Frauen den Raubvogel hatte verjagen können.

Von da an aber war das gerettete Kind verändert. Immer wieder trieb es den Buben und den Heranwachsenden ins Gebirge hinauf. Als Erwachsener wurde er ein furchtloser Bergsteiger und unfehlbarer Schütze, der häufig den flüchtigen Gemsen nachstellte. Auffällig oft klomm er zur Mohrin hinauf und spähte von dort zu einer mit Eis und Schnee überkrusteten riesigen Felsplatte empor. Auf ihr tummelten sich Rudel von Gemsen und dazu Steinböcke, doch bislang war es noch nie einem Jäger geglückt, zu ihnen vorzudringen. Der junge Mann aber, den einst der Geier geraubt hatte, versuchte es eines Tages. Unter Einsatz seines Lebens erklomm er die himmelstürmenden Schroffen der Mohrin, doch zuletzt verstieg er sich rettungslos. Er kam nicht mehr weiter nach oben und kam auch nicht mehr nach unten; am Ende dann stürzte er ab, prallte mit dem Schädel gegen einen Felsen und verlor die Besinnung.

Irgendwann kam der Jäger wieder zu sich – und da lag er auf einem weichen Bett aus Speik und Edelweiß im Kristallschloß der Drei Saligen Frauen, welche ihm erneut das Leben gerettet hatten. Nie zuvor hatte er derart schöne Frauen erblickt; wieder und wieder mußte er sie ansehen, und er vergaß darüber seine Wundschmerzen. Drei Tage pflegten ihn die Saligen Frauen; sie zeigten ihm auch ihr Schloß und ihren Zaubergarten im Inneren des Berges, wo sich seltsame, unirdische Tiere tummelten.

Als drei Tage verstrichen waren, sandten die Saligen Frauen den jungen Mann wieder heim. Ehe er aber gehen durfte, forderten sie ein dreifaches Versprechen von ihm, von dessen Einhaltung sein künftiges Lebensglück abhängen würde. Erstens dürfe er niemandem erzählen, daß er sie, die Saligen Frauen, gesehen hätte! Zweitens müsse er schwören, niemals mehr ein Bergtier zu jagen oder zu töten; weder Gemse noch Hase, noch Schneehuhn! Drittens dürfe er keinem Menschen den Pfad verraten, der zu ihrem, der Saligen Frauen, Schloß führe!

Darüber hinaus verlangten die Drei Frauen von ihm, daß er sie stets lieben und ehren solle und er niemals ein menschliches Mädchen heiraten dürfe.

Dies alles versprach der junge Mann; anschließend nahmen die Saligen Frauen zärtlichen Abschied von ihm und führten ihn zu einer tiefeingeschnittenen Klamm, die bis zum Bergfuß hinunterführte. An ihrem Ende lag, von blutrot blühenden Alpenrosensträuchern verborgen, ein Schlupf ins Freie. Ehe der junge Mann sie dort verließ, sagten ihm die Drei Frauen noch, daß er sie jedesmal bei Vollmond aufsuchen und drei Tage und Nächte bei ihnen verweilen dürfe.

Wieder daheim, war der junge Mann völlig verwandelt. Er mied die Menschen und ging nicht mehr auf die Jagd, doch immer bei Vollmond besuchte er die Drei Saligen Frauen. Seine Eltern sorgten sich um ihn – und schließlich, als er wieder einmal in einer Vollmondnacht verschwand, folgten sie ihm heimlich. Als sie gewahrten, wie er durch den verborgenen Schlupf ins Innere des Berges eindringen wollte, rief die Mutter erschrocken seinen Namen. Im selben Moment erklang ein fürchterlicher Donnerschlag; Felsen und Geröll schmetterten vom Berghang und verschütteten den Weg zum Schloß der Saligen Frauen – und der junge Mann fand den Zugang in die Klamm nie wieder, so verzweifelt er auch nach ihm suchte.

Daraufhin verlor er jegliche Lebensfreude, schwermütig hockte er bis zum folgenden Winter in seinem Elternhaus. Und dann kamen eines Tages einige Jäger zu Besuch und erzählten von ihren Waidmannsabenteuern und ihren waghalsigen Kletterkunststücken. Zunächst saß der junge Mann völlig teilnahmslos bei ihnen; doch als sie sagten, daß sie noch am gleichen Tag zu der riesigen Felsplatte über der Mohrin emporklimmen wollten, horchte er auf, und nach langer Zeit reizte auch ihn wieder die Jagd. Außerdem hoffte er, daß er auf dem Weg über die Felsplatte vielleicht doch noch einmal zum Schloß der Saligen Frauen finden könnte, und deshalb schloß er sich den Waidmännern an.

Als die Gruppe bei der Mohrin angelangt war, kletterte der junge Mann den anderen voraus; bald war er hoch über ihnen und erreichte zuletzt die Felsplatte. Dort erblickte er ein Rudel Gemsen; er sprengte ein einzelnes Tier ab, trieb es in die Enge, zog den Gewehrhahn auf und schoß. Doch da war die Gemse plötzlich in überirdisches Licht gebadet; unverletzt stand das Tier da – und vor ihm erschienen jetzt die Drei Saligen Frauen. Sie trugen weiße Kleider; ein zauberhaftes Leuchten strahlte von ihnen aus, und von unsäglicher Sehnsucht gepackt, wollte der junge Mann sich ihnen nähern.

Aber da schauten ihn die Saligen Frauen, die ihm bisher stets nur Liebe erwiesen hatten, dermaßen zornig an, daß er von unbeschreiblicher Angst geschüttelt wurde. Er wollte fliehen, glitt vom Rand der Felsplatte ab und stürzte in den Abgrund, wo man ihn später tot auffand.

Die Drei Saligen Frauen aber wurden nie wieder in der Gegend gesehen, wo all dies geschehen war.

***

In dieser Sage tritt uns die Dreifache Göttin in ihrer weißen und roten Gestalt wunderschön als Hüterin und Beschützerin des Lebens sowie als liebende Göttin entgegen – und ebenso erkennen wir sie in ihrer schwarzen Erschei-

nungsform, wo sie Herrin über Leben und Tod ist und zudem jeden Frevel an der Natur zornig rächt.

Frau Hütt
(Tirol)

In uralten Zeiten lebte im Tirolerland eine mächtige Riesenkönigin, Frau Hütt genannt, und wohnte auf den Gebirgen über Innsbruck, die jetzt grau und kahl sind, aber damals voll Wälder, reicher Äcker und grüner Wiesen waren. Einst kam ihr kleiner Sohn heim, weinte und jammerte; Schlamm bedeckte ihm Gesicht und Hände, dazu sah sein Kleid schwarz aus, wie ein Köhlerkittel. Er hatte sich eine Tanne zum Steckenpferd abknicken wollen; weil der Baum aber am Rand eines Morastes stand, so war das Erdreich unter ihm gewichen und er bis zum Haupt in den Moder gesunken, doch hatte er sich noch glücklich herausgeholfen.
Frau Hütt tröstete ihn, versprach ihm ein schönes Röcklein und rief einen Diener; der sollte weiche Brosamen nehmen und ihm damit Gesicht und Hände reinigen. Kaum aber hatte dieser angefangen, mit der heiligen Gottesgabe so sündhaft umzugehen, zog ein schweres, schwarzes Gewitter daher, das den Himmel ganz zudeckte, und ein entsetzlicher Donner schlug ein. Als es sich wieder aufgehellt hatte, da waren die reichen Kornäcker, grünen Wiesen

und Wälder und die Wohnung der Frau Hütt verschwunden, und überall war nur eine Wüste mit zerstreuten Steinen, wo kein Grashalm mehr wachsen konnte; in der Mitte aber stand Frau Hütt, die Riesenkönigin, versteinert und wird so stehen bis zum Jüngsten Tag.

***

Die Große Göttin schafft Überfluß an Nahrung und kann deshalb auch ihr Kind mit Brot reinigen lassen; dieses Motiv wurde dann christlicherseits zu ihrer Verteufelung benutzt. Ansonsten tritt in dieser Sage in den Farben Weiß und Schwarz sowie im Motiv vom blühenden Land und der Zerstörung desselben die keltische Lebens- und Todesmetaphorik zutage. Ein Wiedergeburtsereignis allerdings fehlt; womöglich wurde es bei der christlichen Verfälschung der Sage getilgt.

Die Feenkönigin vom Jauerling
(Niederösterreich)

Im Tal des Groißbaches bei Spitz in der Wachau lag dereinst im tiefen Wald eine einschichtige Mühle. Dort lebten der Müller, seine Frau und deren dreizehnjährige Tochter; die Müllerin aber war seit vielen Jahren krank. Kein Arzt konnte ihr helfen, und der Müller war deshalb völlig verzweifelt; die Tochter aber kümmerte sich aufopfernd um ihre Mutter. Eines Tages dann hörte das Mädchen, daß es ein

Mittel gebe, um die Kranke zu heilen. Dazu müsse eine Jungfrau hoch oben auf dem Jauerling die Zauberblume Widertod suchen und pflücken, und dies müsse bei Vollmond zur Mitternachtsstunde geschehen.

In der nächsten Vollmondnacht kletterte die Müllerstochter durch die Groißbachschlucht zum Jauerling empor. Als das dreizehnjährige Mädchen bereits hoch im Bergwald war, öffnete sich vor ihm plötzlich eine große Lichtung, auf der sich ein prachtvolles Schloß erhob. Vorsichtig ging die Müllerstochter näher; auf einmal öffnete sich das Schloßtor, und eine wunderschöne Frau, die unter dem Portal stand, lud das Mädchen ein, hereinzukommen. Rasch verging die Scheu der Müllerstochter, und die Fee führte sie durch einen wundersamen Garten, wo fremdartige und wundersame Pflanzen wuchsen, in einen hohen, von Gold schimmernden Saal.

Dort setzte sich die Fee auf einen mit Edelsteinen verzierten Thron und fragte: „Mein Kind, was begehrst du von mir? Willst du bei mir bleiben? Ich würde dich gerne bei mir behalten, und du würdest es bestimmt nie bereuen!" Doch das Mädchen erwiderte: „Ich wünsche mir nur von dir, schöne Frau, daß du meine Mutter heilst. Könntest du mir nicht die Blume Widertod schenken?" Die Fee aber bemühte sich, die Müllerstochter zum Dableiben zu überreden; sie versprach ihr ein Leben in ewiger Freude, versprach ihr reiche Kleider und heitere Spiele. Aber das alles konnte das Mädchen nicht umstimmen; es bat die Feenkönigin erneut, seiner kranken Mutter zu helfen. Und da lächelte die wunderschöne Frau und sagte: „Weil du ein solch gutes Kind bist, sollst du die Wunderblume bekommen. Deine Mutter wird wieder gesund werden, und du selbst wirst zum Lohn für deine Liebe zu ihr zeitlebens mit Glück gesegnet sein."

Ehe die Müllerstochter sich bedanken konnte, lösten sich die Wände des Zaubersaales auf, und die Fee entschwand. Gleich darauf fand sich das Mädchen auf der Lichtung im Wald wieder; dort war es unirdisch still, an den Bäumen regte sich kein Blatt, und der silberne Mondschein überstrahlte den Forst.

Als die Müllerstochter nach Hause kam, trat ihre Mutter aus der Tür und war gesund. Ihre Krankheit kehrte nie wieder zurück – und was das Mädchen betraf, so heiratete sie später einen guten Mann und blieb, ganz wie die Feenkönigin versprochen hatte, ihr Lebtag lang glücklich mit ihm.

***

Diese Sage hat einen starken Bezug zum Mond; damit korrespondiert das Alter des Mädchens: dreizehn Jahre. Die Dreizehn nämlich ist die keltische Mondzahl, und aus beiden Hinweisen entschlüsselt sich die Natur der Feenkönigin oder Göttin. Es handelt sich um die keltische Mondgöttin Arianrhod, die hier in Vollmondgestalt – also in ihrem mütterlichen Aspekt – agiert und den Menschen wie eine liebende Mutter in ihrer Not beisteht.

Die Natternkrone
(Steiermark)

In der Steiermark lebte einst ein Bub, der keine Eltern mehr hatte und deshalb blutarm war. Einmal, als er im Wald Beeren suchte, begegnete ihm eine sehr schöne Frau in einem schneeweißen Kleid und schenkte ihm einen Gegenstand, der seltsam farbig glitzerte und strahlte. Der Bub wußte aber nicht, was er damit anfangen sollte; schließlich steckte er das Ding an seinen Hut und lief weg.

Bald darauf begegneten ihm andere Leute – und die fragten ihn erstaunt, wieso er denn Geld an den Hut gesteckt hätte. Und erst da merkte der Bub, daß hinter seinem Hutband ein glänzender neuer Kreuzer steckte; er freute sich riesig und nahm die Münze weg – doch kaum hatte er den Kreuzer in der Tasche, steckte abermals einer am Hut. Und dies ging weiter, den ganzen Tag und das ganze folgende Jahr hindurch – und als ein Jahr verstrichen war, besaß der Bub sieben Kornsäcke voller Geld.

Nach drei Jahren war aus dem bettelarmen Buben ein steinreicher Großbauer geworden; er besaß sogar mehr als der örtliche Graf in seinem großen Schloß. Und dieser Graf neidete dem Bauern nun dessen

Reichtum und zog Erkundigungen darüber ein, wie der andere seinen riesigen Schatz gewonnen hatte. So fand der Graf schließlich heraus, was geschehen war; daß der Bub nämlich von der weißgekleideten Frau eine Natternkrone als Geschenk bekommen und sie an seinen Hut gesteckt hatte – und jetzt trachtete der Graf danach, selbst an diese Natternkrone zu kommen.

Als der Großbauer eines Tages zusammen mit allen seinen Dienstboten auf dem Feld war, verkleidete sich der Graf im Wald als Bettler, schwärzte sein Gesicht mit Ruß und drang gleich einem Dieb in das Bauernhaus ein. Zuletzt fand er die Natternkrone; zugleich jedoch hörte er draußen Geräusche – und verschluckte in seiner Angst, erwischt zu werden, die Natternkrone. Danach sprang er zum Fenster hinaus und rannte in den Wald, wo er sein Bettlergewand wieder gegen die Adelskleider auswechseln wollte, die er in einem Gebüsch versteckt hatte.

Da jedoch zeigte die Natternkrone in seinem Magen ihre magische Kraft. Sooft der Graf das Bettlergewand ablegte, sooft hatte er es wieder am Leib – denn die Natternkrone wirkte aus seinem Inneren heraus und erneuerte das, was er vom Körper abstreifte und wegwarf.

So war der Graf gezwungen, in seinem schmutzigen Bettlerkleid ins Schloß zurückzukehren. An einer verborgenen Stelle überstieg er die Mauer – doch da kam soeben der Torwächter vorbei. Der dachte, in dem abgerissenen Kerl mit dem schwarzen Gesicht einen Räuber erwischt zu haben; er packte einen Prügel und hieb aus Leibeskräften auf seinen Herrn ein. Da aber bekam auch der Torwächter die magische Kraft der Natternkrone zu spüren, denn nun war er gezwungen, wieder und wieder auf den längst am Boden liegenden Grafen einzudreschen – und dies ging die ganze Nacht so weiter. Der Graf litt aufs schlimmste; zuletzt dann wurde ihm sterbensübel, so daß er die Natternkrone aus sich herausspie. Und erst da konnte der Torwächter aufhören, seinen Herrn zu prügeln, und der Graf vermochte sein Bettlergewand abzustreifen. Und nachdem ihm dies gelungen war, wollte er mit der Natternkrone nichts mehr zu schaffen haben, und er gab sie dem Bauern reumütig zurück.

***

Die weißgekleidete Frau im Wald ist die Große Göttin, und sie beschenkt den armen Knaben mit der hier materiell gedachten Fülle des Lebens. In der Sage steckt jedoch noch ein zweites keltisches Motiv, nämlich eine Erneuerungs- und damit Wiedergeburtsaussage. Denn die Kraft der Schlangenkrone erneuert beim Grafen immerwährend das, was er vom Körper abstreift – und der Sinn dieses Satzes wird klar, wenn man hier direkt an eine Schlange denkt. Sie streift regelmäßig ihre alte Haut ab und bekommt eine neue, und ebenso ist es hinsichtlich der Reinkarnation:

Der Geist löst sich vom alten, abgestorbenen Körper und verbindet sich in der Wiedergeburt mit einem jungen. Ansonsten sind Große Göttin und Schlange (ewig sich erneuernde Lebenskraft) hier identisch, und die Schlangenkrone symbolisiert die Göttin in beiden Erscheinungsformen.

Die weiße Frau auf Rosenegg
(Vorarlberg)

Häufig zeigte sich in alter Zeit auf Schloß Rosenegg bei Bürs ein verwunschenes Burgfräulein, das auf seine Erlösung hoffte und den Menschen, welche einen Versuch zu seiner Erlösung machten, zuvor einen großen Schatz verhieß. Doch niemand vermochte das Burgfräulein zu erlösen, und ein Bub aus Bürs war schließlich der letzte, dem es sich zeigte.
Eines Tages, in der Abenddämmerung, sammelte der Knabe Brennholz in der Nähe von Rosenegg; da stand auf einmal das Burgfräulein, mit einem schneeweißen Kleid angetan, vor ihm und sagte: „Heute nacht könntest du mich erlösen!" Der Bub war auch bereit dazu. Allerdings wollte er zuvor erst noch nach Hause, um seiner Mutter das Holz zu bringen; danach wollte er dann wiederkommen. Das Burgfräulein war einverstanden; ehe der Knabe heimlief, verlangte es aber noch: „Bring drei geweihte Ruten mit, wenn du zurückkehrst!"

Mit drei Zweigen, die am Palmsonntag geweiht waren, tauchte der Bub nach einiger Zeit wieder am Schloßberg auf. Inzwischen leuchtete der Mond; neuerlich erschien das weiße Fräulein und führte den Knaben ins Schloß. Dort stiegen sie über eine Steintreppe zwölf oder fünfzehn Stufen tief in einen unterirdischen Gewölbekeller. In dessen hinterster Ecke stand eine große Eisentruhe; auf ihr hockte bewegungslos ein mächtiger schwarzer Hund.

„Dieses Tier sollst du mit jeder deiner drei Ruten schlagen", sagte das weiße Fräulein. „Nach dem dritten Hieb wird der Schwarze von der Truhe weichen, und du wirst sie mit dem Schlüssel, den ich dir geben werde, öffnen können. Der Schatz, der in der Truhe liegt, wird sodann dein sein, und für mich wird die Stunde meiner Erlösung geschlagen haben."

Da schwang der Bub die erste Rute und schlug den Hund; der begann zu knurren und die Augen zu rollen, zugleich wuchs er ein gutes Stück. Obwohl der Knabe sich fürchtete, hieb er mit der zweiten Rute zu; diesmal fletschte der schwarze Hund die Zähne, knurrte noch bösartiger und wuchs abermals. Der Bub verspürte nun fast unbezähmbare Angst; trotzdem machte er Anstalten, den Hund auch noch mit der dritten Rute zu schlagen. Doch während er ausholte, wurde der schwarze Hund so groß, daß er beinahe das Gewölbe sprengte, und aus seinen riesigen Augen züngelten Flammen. Da verließ den Knaben der Mut; er warf die Ruten weg, floh aus dem Kellergewölbe und aus dem Schloß und rannte völlig verstört heim.

Hoch oben auf einer Zinne des Schlosses aber stand das weiße Burgfräulein und klagte: „Jetzt muß ich erneut ein Jahrhundert warten, bis wiederum die bestimmte Nacht anbricht und vielleicht ein Mensch kommt, der mich zu erlösen vermag!"

***

Die Erlösung, welche die weiße Göttin oder Fee ersehnt, ist sicherlich christliche Übertünchung – viel eher ging es in der ursprünglichen, rein heidnischen Form der Geschichte wohl darum, daß das Wesen der Göttin oder Fee von den Menschen erkannt werden muß. Ansonsten sind die Sagenmotive allesamt keltisch. In den drei Ruten wird die Dreifache Göttin oder eine mit ihr verbundene Sídh kenntlich; der Hund ist in der keltischen Mythologie häufig ein Begleittier der Göttin, und die Truhe, in welcher der Schatz – der Erkenntnis und Fülle des Lebens – ruht, ist ein Sinnbild für den keltischen Kessel.

Der Roßtrapp
(Böhmen/Harz)

In Böhmen lebte vorzeiten eine Königstochter, um die ein gewaltiger Riese warb. Der König fürchtete dessen Macht und Stärke und sagte ihm deshalb seine Tochter zu. Weil sie aber schon einen anderen

Liebhaber hatte, der aus dem Stamm der Menschen war, widersetzte sie sich dem Bräutigam und dem Befehl ihres Vaters. Aufgebracht wollte der König Gewalt anwenden und setzte die Hochzeit gleich für den nächsten Tag fest. Weinend klagte die Königstochter das ihrem Geliebten, der zu schneller Flucht riet und in finsterer Nacht zu ihr kam, um die getroffene Verabredung ins Werk zu setzen.

Die Flucht war aber schwierig, denn die Marställe des Königs waren verschlossen und alle Stallmeister ihm treu ergeben. Zwar stand des Riesen ungeheurer Rappe in einem eigens für ihn erbauten Stall, aber wie sollte eine schwache Frauenhand das mehr denn zehn Ellen große Untier leiten und lenken? Und wie war ihm beizukommen, da es an einer gewaltig dicken Kette lag, die ihm statt des Halfters diente und dazu mit einem großen Schloß gesichert war, dessen Schlüssel der Riese bei sich trug? Der Geliebte aber stellte eine Leiter an das Pferd und hieß die Königstochter hinaufsteigen; dann tat er einen mächtigen Schwerthieb auf die Kette, daß sie auseinandersprang, schwang sich selbst von hinten auf, und in einem Flug ging's auf und davon.

Die kluge Jungfrau hatte ihre Kleinode mitgenommen, dazu ihres Vaters goldene Krone aufs Haupt gesetzt. Während sie nun aufs Geratewohl forteilten, fiel es dem Riesen ein, in dieser Nacht auszureiten. Der Mond schien hell, und er stand auf, sein Roß zu satteln. Erstaunt sah er den Stall leer. Er gab Lärm im ganzen Schloß, und als man die Königstochter aufwecken wollte, war sie auch verschwunden. Ohne sich lange zu besinnen, bestieg der Bräutigam das erstbeste Pferd und jagte über Stock und Block. Ein großer Spürhund witterte den Weg, den die Verliebten genommen hatten; nahe am Harzwalde kam der Riese hinter sie.

Da hatte auch die Jungfrau den Verfolger erblickt, wandte den Rappen flugs und sprengte waldein, bis der Abgrund, in welchem die Bode fließt, ihr den Weg abschnitt.

Der Rappe stutzt einen Augenblick, und die Liebenden sind in großer Gefahr. Sie blickt hinterwärts, und in strengem Galopp naht der Riese; da stößt sie dem Rappen mutig die Fersen in die Rippen. Mit einem gewaltigen Sprung, der den Eindruck eines Hinterhufes im Felsen zurückläßt, setzt er über den Abgrund, und die Liebenden sind gerettet. Denn die Mähre des nacheilenden Riesen springt seiner Schwere wegen zu kurz, und beide stürzen mit gräßlichem Geprassel in den Abgrund.

Auf dem jenseitigen Rand steht die Königstochter und tanzt vor Freude. Davon heißt die Stätte noch jetzt der Tanzplatz. Doch hat sie im Taumel des Sprungs die Krone verloren, die in den Kessel der Bode gefallen ist. Da liegt sie noch heutzutage, von einem großen Hund mit glühenden Augen bewacht.

Schwimmer, die der Gewinn geblendet, haben sie unter Lebensgefahr aus der Tiefe zu holen versucht, aber beim Wiederkommen ausgesagt, daß es vergebens sei; der große Hund sinke immer tiefer, so wie man ihm nahe käme, und die goldene Krone stehe nicht mehr zu erlangen.

***

In der Königstochter ist die keltische Pferdegöttin Epona oder Rhiannon zu erkennen, die im Gegensatz zu ihrem Geliebten, immerhin einem starken „Ritter", selbst das mächtigste und wildeste Roß bemeistern kann; sie nämlich lenkt das Riesenpferd, ihr Begleiter sitzt lediglich hinten auf.

Aufgrund ihrer Macht überwindet die Göttin, die hier in einem weißen (Jungfrau) und schwarzen (Rappe) Aspekt erscheint, den tiefen Abgrund: die Kluft zwischen Diesseits- und Anderswelt. Der sie verfolgende Riese jedoch, ein Fomorier, stürzt in die Schlucht und kommt dar-in um. – Zwei weitere typisch keltische Motive in dieser Sage sind der Kessel auf dem Grund der Bode und der Hund, welcher die Krone der Göttin bewacht.

Der Krämer und die Maus
(Böhmen)

Vor langen Jahren ging ein armer Krämer durch den Böhmerwald gen Reichenau. Er war müde geworden und setzte sich, ein Stückchen Brot zu verzehren; das einzige, was er für den Hunger hatte. Während er aß, sah er zu seinen Füßen ein Mäuschen herumkriechen, das sich endlich vor ihn hinsetzte, als erwartete es etwas.

Gutmütig warf er ihm einige Bröcklein von seinem Brot hin, so not es ihm selber tat, die es auch gleich wegnagte. Dann gab er ihm, so lange er noch etwas hatte, immer sein kleines Teil, so daß sie ordentlich zusammen Mahlzeit hielten.

Nun stand der Krämer auf, einen Trunk Wasser aus einer nahen Quelle zu tun; als er wieder zurückkam, siehe, da lag ein Goldstück auf der Erde, und eben kam die Maus mit einem zweiten, legte es dazu und lief fort, das dritte zu holen. Der Krämer ging nach und sah, wie sie in ein Loch lief und daraus das Gold hervorbrachte.

Da nahm er seinen Stock, öffnete den Boden und fand einen großen Schatz von lauter alten Goldstücken. Er hob ihn heraus und sah sich dann nach dem Mäuslein um, aber das war verschwunden.

***

Die barmherzige „Maus" bringt drei Goldstücke (einen andersweltlichen Schatz) und wird dadurch, in Verbindung mit der Quelle, als Große Göttin in ihrer Brigid-Emanation kenntlich. – Das Auftreten einer Gottheit in Gestalt eines kleinen Tieres wirkt verblüffend, ist aber in der keltischen Mythologie nicht so ungewöhnlich.

Frau Perchta oder die Weiße Frau
(Böhmen/Deutschland)

Die Weiße Frau erscheint in den Schlössern mehrerer fürstlicher Häuser; namentlich zu Neuhaus in Böhmen, zu Berlin, Bayreuth, Darmstadt und Karlsruhe und in allen, deren Geschlechter nach und nach durch Verheiratung mit dem ihren verwandt worden sind. Sie tut niemandem etwas zuleide, neigt ihr Haupt, wenn sie jemandem begegnet, spricht nichts, und ihr Besuch bedeutet einen nahen Todesfall, manchmal aber auch etwas Fröhliches, wenn sie nämlich keine schwarzen Handschuhe anhat.
Sie trägt einen Schlüsselbund und eine weiße Schleierhaube. Nach einigen soll sie im Leben Perchta von Rosenberg geheißen, zu Neuhaus in Böhmen gewohnt haben und mit Johann von Lichtenstein (...) vermählt gewesen sein. Nach dem Tod ihres Gemahls lebte sie in Witwenschaft zu Neuhaus und fing zur großen Beschwernis ihrer Untertanen, die ihr fronen mußten, einen Schloßbau an. Während der Arbeit rief sie ihnen zu, fleißig zu sein: „Wenn das Schloß zustand sein wird, will ich euch und euren Leuten einen süßen Brei vorsetzen", denn dieser Redensart bedienten sich die Alten, wenn sie jemand zu Gast luden. Den Herbst nach Vollendung des Baues hielt sie nicht nur ihr Wort, sondern stiftete auch, daß auf ewige Zeiten hin alle Rosenbergs ihren

Leuten ein solches Mahl geben sollten. Dieses ist bisher fortgeschehen, und unterbleibt es, so erscheint sie mit zürnender Miene.

Zuweilen soll sie nachts, wenn die Ammen Schlaf befällt, in fürstliche Kinderstuben kommen und die Kinder wiegen und sie vertraulich herumtragen. Einmal, als eine unwissende Kinderfrau erschrocken fragte: „Was hast du mit dem Kind zu schaffen?" und sie schalt, soll sie doch gesagt haben: „Ich bin keine Fremde in diesem Haus wie du, sondern gehöre ihm zu; dieses Kind stammt von meinen Kindeskindern. Weil du mir aber keine Ehre erwiesen hast, will ich nicht mehr wieder einkehren."

***

Sowohl Perchta von Rosenberg als auch ihr Gemahl Johann von Lichtenstein tragen sprechende Namen. Frau Perchta ist eine süd- und mitteldeutsche, auch in Böhmen vorkommende Bezeichnung für die Große Göttin; ein Orts- oder Flurname, in dem die Rose auftaucht, kennzeichnet sehr häufig einen prähistorischen, also heidnischen Begräbnisplatz. Perchta von Rosenberg ist infolgedessen die Große Göttin in ihrem Todes- und Wiedergeburtsaspekt, und entsprechend agiert sie in der Sage auch: Sie kündigt den Tod an, trägt aber andererseits eine weiße Schleierhaube, was auf ihre Macht hinweist, den Verstorbenen neues Leben zu schenken. Im Namen ihres Gatten Johann von Lichtenstein steckt das Licht, die Sonne – und damit paßt er bestens zu Perchta, denn in der keltischen Mythologie ist die Große Göttin in ihrer Gestalt als Erdmutter oder auch als Mondin die Gemahlin des Sonnengottes Lugh. Daß die Große Göttin und Lugh manchmal auch als Mutter und Sohn gedacht werden, widerspricht dem nicht, denn es ist typisch für keltische Gottheiten, auf verschiedene Arten miteinander verbunden zu sein.

Die Schildsage der Herren von Handschuchsheim
(Baden-Württemberg)

Gar eine schöne Schildsage hatten die edlen Herren von Handschuchsheim (...), mit deren erstem sich das Folgende begeben haben soll:
Es war ein frommer junger Ritter, der ging fleißig zur Kirche, und es geschah, daß er im Gebet vor dem Altar der heiligen Katharina einstmals entschlummerte. Da sah er drei überirdisch schöne Jungfrauen vor sich stehen, doch die mittelste war die schönste von den dreien, und die sprach: „Wir kommen, dich anzuschauen, und deine Augen sind geschlossen. Sieh uns an, und willst du dir eine Gemahlin erküren, so wähle eine von uns dreien." Da erkannte der junge Rittersmann an der Palme und am Zackenrad, welches Flammen umwaberten, daß es St. Katharina selbst war, die zu ihm gesprochen hatte, und er gelobte sich ihr mit allen Freuden. Sie aber setzte ihm einen Rosenkranz auf das Haupt, dessen Rosen

wie die Blüten des himmlischen Paradieses dufteten, und verschwand.

Der Ritter, als er aus seinem Traum erwachte, fand wirklich den Rosenkranz und bewahrte ihn heilig und sah, daß dessen Rosen nicht welkten. Nun drangen aber seine Verwandten in ihn, daß er sich vermähle, hatten ihm auch schon eine sehr tugendsame, adlige Jungfrau auserkoren, und er konnte sich der Heirat nicht entziehen, fuhr aber doch fort, seiner himmlischen Verlobten in Andacht zu dienen. Seine Gattin nahm jedoch bald wahr, daß ihr junger Gemahl sie nicht selten verließ; insbesondere des Morgens, wo er zur Kirche ging. Sie argwöhnte Schlimmes, fragte auch ihre Kammermagd, wohin der Herr wohl immer gehe. Diese Magd nährte nun den Verdacht der Frau, indem sie sprach, es dünke ihr, daß er zu des Pfaffen Schwester schleiche. Da wurde die Frau unsäglich betrübt und weinte sehr, und als ihr Gemahl sie fragte, warum sie weine, da gestand sie ihm ihren Verdacht und Kummer ein. „Du bist töricht", antwortete der Ritter. „Die, welche ich innig minne, ist des Pfaffen Schwester nicht – es ist eine viel Höhere und Schönere." Damit verließ er seine Frau, und dieser brach die Antwort fast das Herz, zumal sie gesegneten Leibes war. Und in unsinniger Eifersucht ergriff sie ein Messer, stach es sich in den Hals und starb.

Als der Ritter nach Hause kam vom Gebet und das Unheil sah, erschrak er, daß ihm das Herz kalt wurde; er fiel in Ohnmacht, und als er wieder zu sich kam, raufte er sein Haar und klagte sich aller Schuld an und bat unter tausend Tränen seine Heilige um Schutz und Beistand. Da erschien ihm die heilige Katharina abermals sichtbar mit ihren beiden Jungfrauen und sprach: „Auf dein Gebet und meine Fürbitte hin ist deine Frau wieder lebendig geworden und hat ein Töchterlein geboren!" Und sie neigte sich über ihn und wischte mit ihrer Hand über seine tränennassen Augen, daß ihre Hand davon ganz feucht wurde – und siehe, da wurde aus dem Tränennaß ein Handschuh, so weiß und zart wie das Häutchen im Ei, und St. Katharina streifte ihn sanft ab und entschwand mit ihren Begleiterinnen, und der Ritter fand den Handschuh in seiner Hand liegen. Gleich darauf kam ein Bote, der ihn suchte, und rief: „Herr, deine Gemahlin lebt und hat ein Töchterlein geboren!"

Da ging der Ritter freudevoll heim, umarmte und küßte Weib und Kind, und beide lobten Gott und die heilige Katharina. Die Frau ließ ein Kloster bauen, und der Ritter tat eine Bußfahrt in das Heilige Land, und als er zurückkam, ließ er jenen Rosenkranz und den Handschuh, den er als Helmzier mit sich geführt und der ihn in allen Gefahren wunderbar beschützt hatte, in der Kirche zum Gedächtnis aufbewahren;

nahm auch den Handschuh auf in sein Wappenschild und nannte sein Geschlecht und seinen Sitz Handschuchsheim.

***

Die Dreifache Göttin wird zunächst in Gestalt der drei überirdisch schönen Jungfrauen in ihrem weißen Aspekt und durch den Rosenkranz in ihrem roten Aspekt kenntlich. Später zeigt sie sich aufgrund ihrer Macht, den Tod in neues Leben umzuwandeln, auch in ihrer schwarzen Emanation. – Ebenso wie weitere weibliche Heilige des Katholizismus ist auch St. Katharina in dieser im Kern heidnisch-keltischen Sage nichts anderes als eine mittelalterlich-christlich verfälschte Erscheinungsform der Großen Göttin – und auch sonst finden sich im Sagentext arge christliche Übertünchungen und Hinzufügungen.

Die Jungfrau von Neuenfels
(Baden-Württemberg)

In der Nähe von Britzingen im Schwarzwald erhebt sich die Burgruine Neuenfels, wo sich zuzeiten gespenstische Dinge ereignet haben.

Anno 1780 stand bei einem Britzinger Schuhmachermeister ein tüchtiger Schustergeselle im Dienst. Der wanderte eines Sonntagmorgens zur Ruine Neuenfels, um Haselnüsse zu sammeln. Da begegnete ihm ein Stück unterhalb der Burg eine schöne, weißgekleidete Jungfrau, welche ihn aufforderte, sie zu beglei-

ten. Der Schuster folgte ihr in einen unterirdischen Stollen, der in ein Kellergewölbe mit drei Räumen mündete. Die drei Gewölbe waren mit Gold, Silber und Edelsteinen angefüllt, und die Schätze wurden von je einem großen schwarzen Hund mit feurigen Augen bewacht. Die Jungfrau sagte dem Schuster, daß die drei Schätze ihm zufallen sollten und er außerdem ein sehr glückliches Leben führen würde, wenn er es schaffe, sie zu erlösen. Gerne wollte der Schuster das versuchen; daraufhin befahl ihm die Jungfrau: „Komm an den nächsten drei Samstagabenden zur Stunde des Gebetläutens wieder hierher! Ich werde dich erwarten, und du mußt mich dann an jedem Tag auf deinem Kopf zu jenem Stein dort bei der Tür tragen! Du darfst aber dabei kein Wort sprechen und darfst auch nicht erschrecken, was auch immer passieren mag!"
An den beiden folgenden Samstagen trug der Schuster die Jungfrau auf seinem Kopf zu dem bewußten Stein, und es geschah dabei nichts Ungewöhnliches. Am dritten Samstag aber, als er wieder zur Ruine hinaufstieg, blitzte und donnerte es schrecklich; zugleich erklang aus dem Berg eine feine, seltsame Musik. Der Schuster ließ sich jedoch nicht irre machen und ging weiter. Da kam ihm ein altes Weib entgegen, von dessen langer Nase der Rotz gleich einem Eiszapfen herabhing. Sie fragte ihn, ob sie auf dem rechten Weg nach Britzingen sei; dort müsse sie

auf einer Hochzeit kochen. Eingedenk des Versprechens, das er der Jungfrau geleistet hatte, gab ihr der Schuster keine Antwort, murmelte jedoch: „Du bist mir eine gräßliche Köchin mit deiner Rotznase!"
Kaum hatte er es gesagt, krachte es ringsum grauenhaft, und die Alte war plötzlich verschwunden. Entsetzt floh der Schuster; er rannte den Berg hinab, obwohl ihn die Jungfrau von der Ruine herunter anflehte, sie nicht im Stich zu lassen. Er aber floh immer weiter; zuletzt klagte die Jungfrau: „Noch ist die Eichel nicht in der Erde, aus deren ausgetriebenem Baumstamm die Wiege des nächsten Kindes gezimmert wird, das mich erlösen kann!"
Der Schuster rannte völlig verstört nach Hause, erzählte seinem Meister, was ihm zugestoßen war, und starb am darauffolgenden Morgen.

***

Daß sich die Große Göttin einmal als wunderschöne, weißgekleidete Jungfrau und dann wieder als häßliche, schwarzgekleidete Alte zeigt, ist ein typisch keltisches Motiv, welches insbesondere in Irland weitverbreitet ist. Daß die Jungfrau um Erlösung bittet, ist eine christliche Hinzufügung – in der heidnischen Kernaussage der Geschichte geht es offensichtlich darum, daß der junge Mann lernen soll, der Göttin sowohl in ihrer weißen als auch in ihrer schwarzen Erscheinungsform bedingungslos zu vertrauen und ihre Gebote zu seinem eigenen Nutzen zu erfüllen.

Tannhäuser
(Thüringen)

Der edle Tannhäuser, ein deutscher Ritter, hatte viele Länder durchfahren und war auch in den Berg der Frau Venus zu den schönen Frauen geraten, das große Wunder zu schauen. Und als er eine Weile im Hörselberg gehaust hatte, fröhlich und guter Dinge, trieb ihn endlich sein Gewissen, wieder herauszugehen in die Welt, und er begehrte Urlaub. Frau Venus aber bot alles auf, um ihn umzustimmen; sie wolle ihm eine ihrer Gespielinnen geben zum ehelichen Weib, und er möge doch gedenken an ihren roten Mund, der ihm da lache zu allen Stunden. Tannhäuser antwortete, er begehre kein anderes Weib als diejenige, die er sich in den Sinn genommen; er wolle nicht ewig in der Hölle brennen, und ihr roter Mund sei ihm gleichgültig geworden – daher könne er nicht länger bleiben, denn sein Leben sei krank geworden. Und da wollte ihn die Teufelin in ihr Kämmerlein locken, der Minne zu pflegen; allein der edle Ritter schalt sie laut und rief die himmlische Jungfrau an, daß sie ihn scheiden lassen mußte.

Reuevoll zog er die Straße nach Rom zu Papst Urban; dem wollte er alle seine Sünden beichten, damit ihm Buße auferlegt würde und seine Seele gerettet wäre. Wie er aber beichtete, daß er auch ein ganzes Jahr im Berg der Frau Venus gewesen sei, da sprach der Papst: „Wann der dürre Stecken grünen wird, den ich in der Hand halte, sollen dir deine Sünden verziehen sein, und nicht anders." Der Tannhäuser sagte: „Und hätte ich nur noch ein Jahr leben sollen auf Erden, so wollte ich solche Reue und Buße getan haben, daß sich Gott erbarmt hätte!" – und vor Jammer und Leid, daß ihn der Papst verdammt hatte, zog er wieder fort aus der Stadt und von neuem in den teuflischen Berg, ewig und immerdar drinnen zu wohnen. Frau Venus aber hieß ihn willkommen, wie man einen langabwesenden Geliebten empfängt; danach, wohl auf den dritten Tag, hub der Stecken an zu grünen, und der Papst sandte Botschaft in alle Länder, sich zu erkundigen, wohin der edle Tannhäuser gekommen wäre. Es war aber nun zu spät, er saß im Berg und hatte sich seine Liebste erkoren; daselbst muß er nun sitzen bis zum Jüngsten Tag, wo ihn Gott vielleicht anderswohin weisen wird. (...)

***

Der Name Tannhäuser weist bereits auf den keltischen Kern der Sage hin. Die Silbe Tann ist etymologisch aus dem keltischen Dunum/Dun (Ringwallfestung) entstanden. Tannhäuser haust also ursprünglich nicht in einer mittelalterlichen Ritterburg, sondern in einem Dun: Er ist in der heidnischen Urfassung der Sage ein keltischer Edler, der zum Geliebten der Großen Göttin wird. – Einer der Namen der Göttin ist Dana, woraus sich zusätzlich eine typisch keltische Doppelbedeutung des Namens

Tannhäuser/Dan(a)häuser ergibt: derjenige, der im Haus Danas lebt. – Ansonsten zeigt die Sage trotz ihrer starken christlichen Überformung sehr deutlich den gravierenden Unterschied zwischen dem Wesen der Großen Göttin und dem des Papstes auf: Wo der Papst den „Sünder" herzlos verdammt, verzeiht die Göttin ihrem ungetreuen Geliebten und nimmt ihn mit ungebrochener Liebe wieder bei sich auf. – Daß die Große Göttin als Venus bezeichnet wird, ist eine mittelalterliche Verfälschung; ursprünglich handelt es sich eindeutig um die Dreifache Göttin der Kelten in ihrem liebreizenden jugendlichen und mütterlich beschützenden Aspekt.

Das Beil im Kopf
(Thüringen)

Ein Bauer aus einem Walddorf der Saalfelder Gegend fuhr zu Holze in den Rauhnächten, wo die Geister in Feldern und Wäldern häufig umfahren. Da kam ihm in einem engen Hohlweg die wilde Jagdfrau entgegen auf einem Wagen, den zwei Katzen zogen. Der Bauer konnte nicht ausweichen oder wollte nicht und hub an, greulich zu fluchen. Da hub aber die Frau Bertha ihr Beil auf und schlug es mit einem mächtigen Hieb dem Bauern handtief mitten in der Stirn in den Schädel und fuhr brausend mit ihrem Gespann über seinen Kopf und seinen Wagen hinweg.

Der mächtige Schlag hatte den Bauern betäubt, und er hatte gemeint, es wäre sein Letztes, doch als er zur Besinnung kam, fand er sich heil und unverletzt – aber mitten in seinem Kopf stak samt dem Stiel, wie in das Fleisch gewachsen, die Axt der Frau Bertha und war nicht zum Wanken und Weichen zu bringen. So kam der Bauer in sein Dorf zurück, trug zu jedermanns Verwunderung die Axt im Kopf und mußte sich daheim halten oder beständig eine hohe Mütze tragen, denn kein Bader und Feldscher war imstande, ihm die Axt aus dem Kopf zu bringen. Doch konnte er seiner Arbeit nachgehen.
So geschah es, daß jener Bauer, der nun schon ein Jahr so gestraft war, eines Tages wieder zu Holze fuhr, und da begegnete ihm wieder die Jagdfrau, ganz wie das vorige Mal. Da war er aber geschwind mit Ausweichen und trieb sein Vieh zurück und gab der Frau Bertha Raum. Da dankte das Waldweib gar freundlich und strich ihm mit der Hand über die Stirn, und weg war die Bertha. Da fiel das Beil dem Bauern aus der Stirn in die Hand, und am Kopf sah und fühlte er keine Spur einer Wunde oder Schmarre – als er aber das Beil recht betrachtete und betrachten ließ, da fand sich, daß es von lauterem Gold war.

***

In dieser Sage erscheint die Göttin Bertha/Perchta quasi als keltische Kriegerkönigin. Sie fährt in einem (Streit)wagen, der von zwei Katzen gezogen wird, die in der kelti-

schen Welt im Gegensatz zur germanischen durchaus bekannt waren. – Ihre Axt setzt Perchta hier ähnlich wie der irische Gott Dagda seine Keule ein. Mit dem einen Ende seiner Keule tötet Dagda, mit dem anderen erweckt er die Getöteten wieder zum Leben; Perchta wiederum spaltet den Schädel des Bauern und läßt die nur scheinbar tödliche Wunde nach einem Jahr wieder verheilen. In der ursprünglich eisernen Axt schließlich, die zuletzt aus Gold ist, wird das keltische Wiedergeburtswissen kenntlich: Schwarzes Eisen verwandelt sich in leuchtendes Gold; der schwarze Tod in neues, weißes Leben.

Frau Welle
(Thüringen)

Die Hohewart liegt bei Kaulsdorf über Saalfeld und hat den Namen von einem Turm, der darauf stand, und in dem Turm hat eine weiße Frau gewohnt, welche die Umwohner zu Rate zogen. Diese Rune wurde Frau Welle genannt, und man nennt nach ihr noch das Tal unter der Hohenwart das Valleidatal. Bisweilen hielt sich Frau Welle auch in einer Berghöhle auf, und dort soll sie fort und fort noch als ein Geist erschienen sein; ganz in schneeweißes Linnen gekleidet, mit einem breiten Gürtel aufgeschürzt und mit fliegendem, bis auf die Fersen herabwallendem Haar.

Auch soll sie sich in der Nähe, ja selbst im Gefolge des wilden Heeres befunden haben, wo sie aber die Waldmännchen und Waldweibchen nicht verfolgen half, sondern denselben ihren Schutz gewährte. Die zunächst anwohnenden Bauern sahen sie zuweilen, wenn sie spät aus dem Holze heimkehrten, auf einer Anhöhe im Wald, wie sie auf den Ton der Jagdhörner horchte, wenn das wilde Heer auszog.

Einstmals, so erzählt man, war ein Bauer vorwitzig genug und fragte das am Berg vorüberziehende wilde Heer, ob es etwa der Frau dort etwas von der gemachten Jagdbeute ablassen wolle. Tags darauf fand man diesen Mann auf einem breiten Stein des Valleidenberges mit ganz zerstückeltem Körper liegen.

Bisweilen irrte diese Frau auch unter der Gestalt einer fahlen Kuh in den Gebirgsschluchten umher.

Im nahen Loquitzgrund ist ein Felsberg, der heißt die Trudenkuppe. Auch auf ihr geht eine weiße Frau um, deren lange, nachschleppende Haare im Wind flattern. Sie trägt ein großes Messer und soll einsame Wanderer in das Dickicht locken und sie dann auf einem alten, mächtigen Opferstein schlachten.

***

Angesichts der Flurnamen Valleidatal und Valleidenberg könnte man mit der weißen Frau, die zudem auch als „Rune" bezeichnet wird, die sagenhafte, bei Tacitus erwähnte keltogermanische Prophetin Velleda der nordwestgermanischen Brukterer assoziieren. Die in West-

und Mitteleuropa weitverbreitete Bezeichnung Veletas/ Veleta/Veleda/Vellada (Seherin) ist jedoch rein keltisch – und damit auch die Sage, welche sich um die Dreifache Göttin dreht. Sie taucht in ihrer weißen Erscheinungsform (Kleidung) und in ihrem schwarzen Aspekt (Turm, Höhle) auf und beschützt die Sídhe, welche vom wilden Heer verfolgt werden. Auch zeigt sich Frau Welle in Gestalt einer fahlen Kuh und korrespondiert hier mit der weißen Kuhgöttin Boand in Irland. – Wie es scheint, markiert die Hohewart ein ehemaliges Heiligtum der Großen Göttin. Dort wirkten, wie die Sage ebenfalls berichtet, Druiden, welche die Menschen als Ovaten berieten und der Göttin auf der „Trudenkuppe" Opfer darbrachten, was sicherlich unblutig geschah. Daß der Geist einer Druidenpriesterin – die weiße Frau im Loquitzgrund – Wanderer abschlachten soll, ist christliche Verleumdung der heidnischen Religion.

Das Prechtenbier
(Thüringen)

Unweit der Stadt Pößneck liegt Bodelwitz, und nicht weit von Bodelwitz liegt Döbritz, und nahe bei Döbritz liegt ein dreieckiger Acker, den ackert zuzeiten die wilde Prechta.

Ein Mädchen von Döbritz wurde nach Bodelwitz geschickt, dort Bier zu holen. (...) Als das Mädchen mit gefüllter Bierkanne zurückkam, traf es, schon wieder seinem Heimatdorf nahe, an dem dreieckigen Acker auf Prechta mit ihrem Ackerpflug. Die fragte das Mädchen, wo es gewesen sei, und was es in der Kanne geholt habe. Dann nahm sie dem Mädchen die Bierkanne aus den Händen und trank das Bier aus bis auf den Grund. Nachdem sie das getan hatte, pißte Prechta in die Kanne, gab sie zurück und sprach: „Komm bald wieder!" Sie wollte dem Mädchen auch einige Holzspäne zum Geschenk machen und stopfte diese, als ihr Geschenk verachtet wurde, der Davonlaufenden noch in die Schuhe. Sie wiesen sich sodann in Döbritz, bei Lichte besehen, als sechs Goldstücke aus.

Das mitgebrachte Bier wiederum schmeckte besser als das Köstritzer und wollte gar kein Ende nehmen, bis dem Mädchen angst und bange darüber wurde. Als das Mädchen gebeichtet hatte, wie es mit der Bierkanne zugegangen war, da war die Kanne mit einem Mal leer. Das Mädchen aber ist hernachmals immer glücklich gewesen. (...)

***

Prechta (oder Perchta) wird durch das dreieckige Feld und ihre Ackertätigkeit dort als Dreifache Göttin in ihrer fruchtbaren, mütterlichen Gestalt charakterisiert. Das Bier, das sie dem Mädchen schenkt, ist besser als das von Menschen gebraute; die Kanne (der keltische Kessel) ist dank der Gnade der Göttin für eine gewisse Zeit unerschöpflich. Was das Pissen der Göttin in die Bierkanne anlangt, so erscheint dies heutzutage vielleicht ordinär – doch die Kelten empfanden da natürlicher und unbefangener, wie beispielsweise auch in der Geschichte der irischen Königin und Göttin Medb deutlich wird, die ebenfalls mächtig uriniert, so daß ein Gewässer entsteht, welches künftig das Land befruchtet.

Die Lurlei oder Lorelei
(Rheinland-Pfalz)

Wo das Stromtal des Rheins unterhalb von Kaub am engsten sich zusammendrängt, starren hoch und schroff zu beiden Seiten echoreiche Felswände von Schiefergestein schwarz und unheimlich hoch empor. Schneller schießt dort die Stromflut, lauter brausen die Wogen, prallen ab am Fels und bilden schäumende Wirbel. Nicht geheuer ist es in dieser Schlucht, über diesen Stromschnellen; die schöne Nixe des Rheins, die gefährliche Lurlei oder Lorelei, ist in den Fels gebannt – doch erscheint sie oft den Schiffern, strählt mit goldenem Kamm ihr langes, flachsfarbenes Haar und singt dazu ein süß betörendes Lied. Und mancher, der sich davon locken ließ, der den Fels erklimmen wollte, fand seinen Tod in den Wellenwirbeln. (...)
Lurlei ist die Rhein-Undine. Wer sie sieht, wer ihr Lied hört, dem wird das Herz aus der Brust gesogen. Hoch oben auf ihres Felsens höchster Spitze steht sie,

im weißen Kleid, mit fliegendem Schleier, mit wehendem Haar, mit winkenden Armen. Keiner aber kommt ihr nahe; wenn auch einer den Felsgipfel erstiege, sie weicht vor ihm. Sie schwebt zurück, sie lockt ihn durch ihre zaubervolle Schönheit bis an des Abgrunds jähen Rand; er sieht nur sie, er glaubt sie vor sich auf festem Boden, schreitet vor – und stürzt zerschmettert in die Tiefe. (...)

***

Die lichte Erscheinung der Flußgöttin steht für das Leben, insbesondere für dessen strahlende Jugendschönheit; die schwarzen Schieferklippen, auf denen sich die Lorelei zeigt, symbolisieren den Tod. Das Wesen der Rhein-Undine umfaßt also das ganze diesseitige Dasein vom Anfang bis zum Ende – und damit wird die Lorelei als die Große Göttin kenntlich, die hier, in der berühmtesten Rhein-Sage, einen verführerisch-bedrohlichen Charakter besitzt.

„Der Teufelskirnstein"
und andere Göttersagen

Die Schätze der Luchsburg
(Bayern)

Von keinem der felsgekrönten Hochgipfel des Fichtelgebirges, die meist alle Ritterburgen trugen, welche nun in Trümmern liegen, gehen mehr Schatz- und Schatzgräbersagen als von der Luchsburg, Lugsburg, Luxburg oder Loosburg über dem Alexanderbade (gemeint ist Bad Alexandersbad bei Marktredwitz).

Unter einer großen Stufe im verfallenen Keller liegt ein ungeheurer Schatz in einem kupfernen Kessel, der eine Elle hoch und eine Elle breit ist; der ist voll gemünzter Goldgulden. Auf dem Kessel steht ein kupfernes Gefäß; das umschließt eine goldene Königskrone, die mit den größten Perlen und wertvollsten Edelsteinen geschmückt ist. (...)

Nur durch ein Mönchlein von zwergenhaftem Wuchs, in schwarzer Kutte, einäugig und hinkend, können diese Krone und der Goldkessel (...) dereinst gefunden und der Schatz gehoben werden, und dies kann nur am Fest Epiphanias, dem goldenen, oder am Trinitatissonntag, an welchem sich das Mönchlein goldenen Sonntagskindern zeigt, durch ein goldenes Sonntagskind geschehen. (...)

***

Daß die Luchsburg auf einem Berg steht, der in keltischer Zeit ein Lugh-Heiligtum trug, geht schon aus zweien ihren Namensvariationen hervor: Lugsburg und Luxburg. In der Lugsburg hat sich der Name des Gottes direkt erhalten; in der Luxburg steckt das indoeuropäische Wort Lux (Licht), und das korrespondiert neuerlich eng mit Lugh, der unter anderem Sonnengott ist. – Im typisch keltischen Kupferkessel, der im Burgkeller verborgen sein soll, befinden sich Goldmünzen: wieder ein Sonnensymbol; in dem zweiten Gefäß liegt die erneut von Gold, Perlen und Edelsteinen strahlende Krone des Gottes. – Der zwergenhafte, also sídheartige „Mönch" wird durch seinen schwarzen Umhang, seine Einäugigkeit und sein Hinken als Lugh selbst kenntlich, denn genau in dieser Erscheinungsform taucht der Gott ebenfalls häufig in der keltischen Mythologie auf und zeigt sich dann den Menschen. – Lughs Schatz kann nur am Epiphaniasfest (6. Januar) oder am Trinitatissonntag (erster Sonntag nach Pfingsten) gehoben werden. Das erste Fest liegt kurz nach der Wintersonnenwende, wo die Sonne neue Kraft gewinnt. Das zweite fällt in die Zeit von Beltane oder Bel-Tainne, was übersetzt „Feuer des Bel" bedeutet, wobei Bel oder Belenos nur andere Namen für Lugh sind. Lughs Schatz, die lebenspendende Kraft der Sonne, erscheint also ganz logisch an den Festen des Sonnengottes. – Durch die auffällige Häufung des Ad-

jektivs „golden" am Ende der Sage schließlich wird noch einmal sehr deutlich Bezug auf die Sonne genommen.

Die Geisterkirche am Ochsenkopf
(Bayern)

Nahe dem Fichtelberge hebt der Ochsenkopf sein fels- und waldgekröntes Haupt, und die Sage nennt es gold- und schätzereich. (...)
Ein alter Fichtelberger Aschenbrenner hat erzählt: „An einem goldenen Sonntagmorgen regnete es, und da lief ich hinauf auf den Ochsenkopf zu meinem Meiler, die Asche zu retten, und da hörte ich drunten in Bischofsgrün die Glocken schlagen. Da kam ich an eine Felswand, die stand offen, und ich trat hinein; da hat ein Alter dringestanden, der war ganz von Gold und glänzte über und über vom Schein der Kerzen, die auf ihm brannten. Da fiel mir ein, daß ich schon gehört hatte, daß allemal, wenn drunten in Bischofsgrün Kirche gehalten wird, droben am Ochsenkopf gleichzeitig die Geister-, Berg- und Waldkirche beginnt. Ich sah noch einmal hin! Gold und Silber hingen wie Eiszapfen am Gewölbe, Perlen und Edelsteine baumelten da wie die Zwiebelstränge in unserem Schlot. Geister sah ich keine – aber ich entsetzte mich, daß ich so mutterseelenallein war, lief fort und hörte hinter mir ein entsetzliches Krachen und Brechen, als ob der Berg in sich zusam-

menstürze. Ich holte meine Frau, daß sie die Pracht auch sehen sollte, die nur am goldenen Sonntag und am Johannistag sich manchmal in der Frühe zeigt – aber wie wir hingekommen sind, war die Felswand zu und nichts mehr zu sehen." (...)

***

In dem Alten, der ganz von Gold ist und auf dem überall Kerzen brennen, ist erneut der Sonnengott Lugh zu erkennen. Wie in der vorhergehenden Sage zeigt er sich den Menschen am goldenen Sonntag (Epiphaniasfest) und hier außerdem am Johannistag, also zur Sommersonnenwende. Ferner teilt die Sage mit, daß es manchmal Zusammenhänge zwischen christlichen und heidnischen Festtagen gibt – und zeigt damit die heidnischen, wenn auch übel verfälschten Wurzeln gewisser christlicher Feste auf.

Die alte Stadt Schweinfurt und ihr Götze Lollus
(Bayern)

In den alten Zeiten lag die Stadt Schweinfurt nicht da, wo sie jetzt liegt, sondern eine Strecke weiter aufwärts am Main; da, wo man noch eine Anzahl Gärten und Weinberge die alte Stadt nennt. Viele der Weinbergslagen haben noch bis heute die einstigen Benennungen, welche die Straßen führten, als da Häuser standen, wo jetzt Reben- und Obstbaumpflanzungen grünen. So die Herdgasse, vielleicht von den Viehherden; auch die langen Schranken, wo sich der ehemalige Turnierplatz befunden haben soll. Dort steht auch im Tannengarten die grüne Tanne, welche genau den Platz bezeichnet, wo vorzeiten das Wirtshaus zum Tannenbaum stand; ein Baum, der stets neu gepflanzt wird, wenn der alte abstirbt, damit das Andenken nicht erlösche. Unter der alten Stadt sollen noch große Schätze und Kostbarkeiten liegen; wer sie zu finden und zu heben wüßte, könnte sehr glücklich werden.

Bei den langen Schranken kam einst auch ein Wasserfräulein zum Turnier und Tanz; ein Ritter kämpfte für sie, entzündet vom Reiz ihrer Schönheit. Da lächelte sie mit rotem Mund ihrem Ritter minneseligen Dank – aber da hatte sie grüne Zähne, und jener schrak von ihr hinweg. Lachend rutschte die Wasserminne zum nahebei strömenden Main und tauchte lustig in die Flut hinab.

Im Bereich der alten Stadt, und zwar nicht weit von den langen Schranken, liegt ein Platz, den nennt das Volk den Lollus. Dort war ein heiliger Hain; darin soll in einer Umzäunung ein ehernes Götzenbild gestanden haben, welches die Einwohner mit unblutigen Opfern, Trauben und Früchten des Feldes, ehrten. Das Bildnis hieß Lollus und soll gestaltet gewesen sein als ein nackter, geschürzter Jüngling mit vollem Lockenhaar; einen Kranz von Mohnsamen um sein Haupt und einen über die Brust. Es hob die rechte Hand zum Mund, faßte mit Daumen und Zeigefinger der rechten Hand die Zunge und hielt in der linken einen Becher empor, aus dem Kornähren sproßten.

Über diesen Lollus haben die Gelehrten mancherlei von alledem geschrieben, was sie so eigentlich nicht von ihm wußten. Hernach, als der heilige Kilian (im späten 7. Jahrhundert) in das Frankenland gekommen ist und das Heidentum dort ausgerottet hat, ist das Bildwerk hinweggekommen und in den Main versenkt worden. Viele Einwohner wurden Christen, und diese waren es, welche das Bildnis des Loll in das Mainbett versenkten.

Als aber einige Jahre später der fromme Glaubensapostel zu Würzburg seinen Märtyrertod gefunden hatte, fielen die meisten Bewohner der Gegend wieder vom Christentum ab, ließen sich ein neues Götzenbild des Loll aus Erz gießen und stellten es an dem Ort zur Verehrung auf, den man jetzt das kleine Löllein nennt. Später jedoch wurde auch dieses Bildnis vernichtet.

Eigentümlich ist es, daß vom Götzen Lollus nur noch an einem einzigen Ort im Bayernland die Sage wiederkehrt, und zwar zu Großlellen- oder Großlöllenfeld im Eichstättischen.

***

Diese zweite Sage um den Gott Lollus soll hier gleich angefügt werden; die Interpretation beider Sagen erfolgt anschließend.

Der Löll
(Bayern)

Zu Großlellenfeld, auch Unterlellenfeld, im eichstättischen Gebiet (...) hat einst an der Kirchenmauer ein Steinbild gestanden. Das nannten sie den Löll, und es war gestaltet wie die Figur des Götzen Loll oder Lollus bei Schweinfurt. Es hielt mit dem Daumen und Zeigefinger die Zunge, und der Ortsname soll von ihm herkommen. (...)
Auch nennt man in dieser Gegend jemanden, der nicht gut zu reden weiß und gleichsam die Zunge sperrt, noch heutzutage einen Löll oder auch einen Lolli; ist die Person weiblichen Geschlechts, so nennt man sie eine Lull'n. (...) Wie ferner gesagt wird, haben die Lellenfelder das Löllenbild vor etwa fünfzig Jahren (um das Jahr 1800) von der Kirchenmauer weggenommen und es auf das Langhaus der Kirche gebracht.

***

Ein heiliger Hain, wie er in der Schweinfurter Sagenfassung erwähnt wird, könnte sowohl eine keltische als auch eine germanische Weihestätte gewesen sein – doch die Tatsache, daß das Schweinfurter Götterbildnis aus Erz war, weist es als keltisch aus. Denn die Germanen schufen keine eisernen Standbilder, sondern kannten nur hölzerne oder steinerne Götterstatuen; die Kelten hingegen waren Meister der Eisenverarbeitung.

Darüber hinaus weist auch der Name des Gottes auf seine Zugehörigkeit zum keltischen Pantheon hin. In Lollus oder Loll steckt, ganz wie im Namen des altirischen Gottes Oll-Athir (mächtiger Vater), das keltische Wort Oll: mächtig, groß, kraftvoll. Auf die besondere Kraft, über die Lollus verfügt, deutet sein Becher hin, aus dem Kornähren sprießen. Der Gott steht damit für Lebens- und Wachstumskraft und ist zugleich einer der göttlichen Hüter des Gefäßes, aus dem alles Leben erwächst: des heiligen Kessels.
Lollus hat aber noch weitere Funktionen. Die Kränze von Mohnsamen, die er trägt, geben einen Hinweis auf seine Bedeutung als göttlicher Schamane oder auch als Heilgott; der Mohn ermöglichte den Priesterdruiden spirituelle Reisen in die Anderswelt, ebenso wurde die Droge von Arztdruiden benutzt.
Was schließlich das Festhalten der Zunge mit Daumen und Zeigefinger angeht, so könnte diese Geste folgende symbolische Bedeutung haben: Lollus verbindet seine äußere Körperlichkeit (die Hand) über die Zunge mit seinem inneren, verborgenen Wesen (Geist) und stellt auf diese Art den spirituellen, ganzheitlichen Einklang von Körper und Geist und damit höheres Bewußtsein her. – Wenn Lollus in späteren, christlichen Zeiten mit unbedarft lallenden Menschen in Bezug gebracht wurde, so resultiert dies sicher daraus, daß man das wahre Wesen des Gottes nicht mehr begriff.

Der Teufelskirnstein
(Burgenland)

In grauer Vorzeit lebte ein einzelgängerischer Teufel im Eichenwald am Scheibenberg bei St. Jörgen. Der hatte sich mit dem obersten Satan in der Hölle gestritten, wurde verbannt und wanderte nun einsam auf der Erde herum. Zuletzt dann erwählte er sich den Eichenwald am Scheibenberg zu seinem Wohnsitz. Dort hauste er und besaß nichts weiter als eine lahme Kuh und eine blinde Ziege. Tagsüber hütete er seine beiden Tiere; nachts schlief er unter einem riesigen Felsblock, welcher bis auf den heutigen Tag der Teufelskirnstein heißt.

Sobald abends die Sonne hinter den Bergen verschwand und Nebelschatten über die Hügel zogen, kletterte er auf seinen Felsen und lockte die Kuh und die Ziege mit röhrenden Schreien und lautem Peitschenknallen heran. Als Peitsche hatte er eine Schlange, welche an Länge alle gewöhnlichen Schlangen übertraf.

Abend für Abend trieb er es so wild, daß den Menschen von St. Jörgen das Grausen kam. Die Weidetiere, die von den Almen heimkehrten, erschraken zutiefst, wurden störrisch und hetzten wie verrückt herum. Die Kühe gaben keine Milch mehr; die Bäuerinnen waren ratlos, und die Bauern verfluchten den bocksfüßigen Teufel und wünschten ihn zurück in die Hölle.

***

Durch zwei Aussagen wird der „Teufel" vom Scheibenberg als keltischer Hirschgott Cernunnos kenntlich. Zum einen hat er Bocksfüße, zum anderen verfügt er über eine Peitsche, die eine Schlange ist: ein typisches Attribut des Gottes Cernunnos, das er unter anderem in seiner Darstellung auf dem Kessel von Gundestrup in der Hand hält. Ferner ist der „Teufel" in der Sage mit den beiden milchspendenden Tieren Kuh und Ziege verbunden, was ebenfalls der keltischen Mythologie entspricht. Denn die milchspendenden Tiere sind Erscheinungsformen der Großen Göttin, der nährenden Mutter, und sie bildet mit Cernunnos öfter ein göttliches Paar. Beim Teufelskirnstein, der in einem Eichenwald liegt, scheint es sich um ein uraltes Steinheiligtum zu handeln, das Cernunnos geweiht war – und in christlicher Zeit wurden diese Weihestätte und der Hirschgott, der sich dort manifestierte, als teuflisch verleumdet.

Grünhütl und Grauhütl
(Steiermark)

Nahe bei Obdach lebte einst ein Holzknecht mit seiner Frau und seinem kleinen Sohn. Eines Tages wurde der Vater von einem Baum erschlagen; daraufhin kehrte die Not in die Hütte der Hinterbliebenen ein, doch die Frau gab den Mut nicht auf. Jahr für Jahr rackerte sie, um sich und ihren Buben durchzubringen. Ihr Sohn wuchs auch gut heran, und als er zu einem kräftigen Jüngling geworden war, arbeitete er ebenso fleißig wie seine Mutter. Doch die Bauern beschäftigten ihn immer nur als Tagelöhner, so daß er nur sehr wenig verdiente, und deshalb beschloß er, in das reichere Eichfeld auszuwandern.

Der junge Mann zog also fort, fand in der Nähe von Fohnsdorf einen guten Knechtsplatz und wurde dort bald der Großknecht des Bauern. An den Feiertagen besuchte er seine Mutter und brachte ihr von seinem Lohn, was er erspart hatte.

Einmal, an Weihnachten, wollte er seine Mutter wiederum besuchen und brach spät am Heiligen Abend auf. Er wanderte an der Stadt Judenburg vorüber, erreichte den Burgberg von Liechtenstein, und auf dem Steilhang dort erblickte er plötzlich einen Mann in grünem Gewand, von dessen grünem Hut eine lange grüne Feder hing. Der Mann hatte eine Armbrust umhängen und hielt einen Jagdspieß in der Rechten; nun rief er dem Großknecht zu: „He Freund, wohin so spät in der Heiligen Nacht?"

Der junge Mann antwortete, daß er nach Obdach zu seiner Mutter wolle; daraufhin sprach der grüne Jäger: „Auf deinem Weg kommst du an der Burg Eppenstein vorbei. Am Burgberg dort wirst du einen Waidmann sehen, der ebensolche Kleider trägt wie ich, nur in Grau. Und dem sagst du von mir: Grünhütl läßt Grauhütl schön grüßen!"

Der Knecht versprach, den Gruß auszurichten, und wollte weitergehen; da rief ihm der grüne Jäger noch zu: „Du sollst auch einen Lohn für deine Gefälligkeit haben!" Und damit warf er dem jungen Mann drei schwarze Steine, die seltsam im Mondlicht glitzerten, vor die Füße. Der Knecht verwahrte sie in seiner Tasche, dann machte er sich wieder auf den Weg und erreichte die Burg Eppenstein. Und am schneebedeckten Steilhang dort traf er den Waidmann, den er von dem Grünen grüßen sollte. Dieser Jäger trug ein graues Gewand, und von seinem grauen Hut hing eine gebogene graue Feder.

Laut rief der junge Mann zu ihm empor: „Jäger, ich habe eine Botschaft für dich: Grünhütl läßt Grauhütl schön grüßen!" Der Waidmann winkte ihm zu. „Ich danke dir für diese Nachricht – da hast du deinen Lohn!" Und mit diesen Worten warf auch er dem Knecht drei glitzernde schwarze Steine vor die Füße. Der junge Mann dankte ihm, steckte die Steine in die Tasche zu den anderen und ging weiter. Wenig später hatte er die Hütte seiner Mutter erreicht, und als die Glocken zur Mitternachtsmette läuteten, gingen beide zur Kirche. Deshalb dauerte es bis zum nächsten Morgen, ehe sich der Knecht wieder an die seltsamen Gaben erinnerte, die er von den beiden Jägern bekommen hatte. Und als er die vermeintlich wertlosen schwarzen Steine aus der Tasche zog, um sie seiner Mutter zu zeigen, da hielt er schwere Goldbrocken in den Händen.

***

Der Schlüssel zum Verständnis dieser leicht christlich übertünchten Sage ist ihre Handlungszeit: die Wintersonnenwende. Und wenn man sich das vor Augen führt, wird auch klar, wer Grauhütl und Grünhütl sind. Der graue Jäger ist das alte, sterbende Jahr; der grüne Jäger das neue, das soeben geboren wird. An die Stelle der Jahre kann man ebensogut die sterbende und wiedererwachende Sonne setzen – und damit sind Grauhütl und Grünhütl zwei miteinander korrespondierende Emanationen des Sonnengottes Lugh, der sich zur Wintersonnenwende quasi von Grau (alt) in Grün (neu) verwandelt. Dem entspricht die Symbolik der schwarzen Steine, die zu goldenen werden – und durch die Dreizahl der Steine kommt zusätzlich die ewig lebenspendende Kraft der Dreifachen Göttin ins Spiel.

Der Bergmönch
(Niedersachsen/Harz)

Zwei Bergleute arbeiteten immer gemeinschaftlich. Einmal als sie einfuhren und vor Ort kamen, sahen sie an ihrem Geleucht, daß sie nicht genug Öl zu einer Schicht auf den Lampen hatten. „Was fangen wir an?" sprachen sie miteinander. „Geht uns das Öl aus, so daß wir im Dunkeln zu Tag fahren müssen, geschieht gewiß ein Unglück, da der Schacht sowieso schon gefährlich ist. Fahren wir aber jetzt gleich aus, um von zuhause Öl zu holen, so straft uns der Steiger, denn er ist uns nicht gut." Wie sie also besorgt dastanden, sahen sie ganz fern in der Strecke ein Licht, das ihnen entgegenkam. Anfangs freuten sie sich; als es aber näher kam, erschraken sie gewaltig, denn ein ungeheurer, riesengroßer Mann ging, ganz gebückt, in der Strecke herauf. Er hatte eine große Kappe auf dem Kopf und war auch sonst ähnlich wie ein Mönch angetan, in der Hand aber trug er ein mächtiges Grubenlicht.

Als er bis zu den beiden, die in Angst da still standen, geschritten war, richtete er sich auf und sprach: „Fürchtet euch nicht, ich will euch kein Leid antun, vielmehr Gutes", nahm ihr Geleucht und schüttete Öl von seiner Lampe darauf. Dann aber ergriff er ihr Gezäh und arbeitete ihnen in einer Stunde mehr, als sie selbst in der ganzen Woche bei allem Fleiß herausgearbeitet hätten. Nun sprach er: „Sagt es keinem Menschen je, daß ihr mich gesehen habt!" – und schlug zuletzt mit der Faust links an die Seitenwand; sie tat sich auseinander, und die Bergleute erblickten eine lange Strecke, ganz von Gold und Silber schimmernd. Und weil der unerwartete Glanz ihre Augen blendete, so wandten sie sich ab; als sie aber wieder hinschauten, war alles verschwunden. Hätten sie ihre Beilhacke oder sonst nur einen Teil ihres Gezähs hineingeworfen, wäre die Strecke offen geblieben und ihnen viel Reichtum und Ehre zugekommen; aber so war es vorbei, wie sie die Augen davon abgewendet. Doch blieb ihnen auf ihrem Geleucht das Öl des Berggeistes, das nicht abnahm und darum noch immer ein großer Vorteil war. Aber nach Jahren, als sie einmal am Sonnabend mit ihren guten Freunden im Wirtshaus zechten und lustig waren, erzählten sie die ganze Geschichte, und am Montagmorgen, als sie einfuhren, war kein Öl mehr auf der Lampe, und sie mußten nun jedesmal wieder, wie die anderen auch, frisch aufschütten.

***

Lugh wird hier durch verschiedene, für ihn typische Attribute kenntlich. Er ist riesengroß und in einen schwarzen Umhang mit einer Kappe gehüllt, die sein Antlitz verbirgt. Er schafft in einer Stunde mehr Arbeit als die Bergleute in einer ganzen Woche und beweist dadurch, daß er der absolute Meister dieses Handwerks – sowie aller anderen Handwerks- und sonstigen Künste – ist. Und er ist der Lichtgott, was er durch das Freilegen von schimmerndem Gold und Silber im dunklen Berg sowie durch das Geschenk der jahrelang brennenden Öllampe an die Bergleute demonstriert.

„Die Saalenixen"
und andere Feen- und Sídhesagen

Das Hardtfräulein
(Baden-Württemberg)

Auf dem Berg, welcher der Hardt heißt, der mit dem großen Heuberg zusammenhängt, geistert ein Fräulein, das nennt man nach dem Berg das Hardtfräulein oder Hardtweible. Es ist schwarz gekleidet, zum Gegensatz der weißgekleideten Nachtfräulein und der grüngekleideten Urschel, und trägt einen runden schwarzen Schlapphut. Das Hardtfräulein hat die Eigenschaft, die Leute zu necken, zu verblenden und dann gehörig zu verlachen; ja, es kann sogar sehr feindselig verfahren, die Leute in Abgründe stürzen, das Vieh scheu machen, daß Unglück daraus entsteht, und dergleichen.
Einst verblendete das Hardtfräulein einen Mann so ganz und gar, daß er sich gar nicht mehr auskannte, und als er nach Hause kam, kannte er sein eigenes Heim nicht, griff nach kurzer Rast nach Stock und Hut und sagte zu seiner Frau: „Nun b'hüet' Euch Gott, ich muß machen, daß ich heimkomme, sonst keift meine Frau wie dem Teufel seine Großmutter!"
Es ist gar nicht zu sagen, wie vielerlei Fräulein und Weible in Schwaben spuken gehen; auf allen Burgen

und Bergen, an allen Seen und Teichen. Im Lautlinger Tal liegt der Gröblesberg; da liegt ein Schatz und schwebt ein Fräulein, das ist halb weiß, halb schwarz. In einer Schlucht bei Friedingen, durch welche die Donau fließt, spukt ein Weible, das ist ganz schwarz, und die Schlucht heißt der Weiblesteich.
Im Erlenbach bei Bieringen an der Jaxt geistern drei weiße Fräulein, auf dem Stöffelesberg bei Gönningen desgleichen. Man kann sie nicht alle zählen und aufzählen. (...)

***

Fast alle Sídhe, Feen und Erscheinungen der Dreifachen Göttin, die in dieser Sage genannt werden, sind weiß, schwarz oder weiß-schwarz; einzig die grüngekleidete Urschel macht eine Ausnahme. Und diese auffällige Häufung von Weiß-Schwarz (hier im Sinn von Diesseits-Jenseits) kennzeichnet die meisten in der Sage vorgestellten überirdischen Frauen als Wanderinnen zwischen den Welten.

Melusine
(Baden-Württemberg)

Im badischen Land heißt ein Wald der Stollenwald, darin auf dem Stollenberg eine alte Burgruine liegt; in der Nähe aber steht Schloß Stauffenberg. Auf letzterem Schloß lebte eines Amtmannes Sohn; der hatte seine Lust am Vogelfang und ging einstmals in den Wald, Meisen zu kloben (sie auf den Leim zu locken).

Da vernahm er vom Stollenberg herab eine gar liebliche Stimme, welche sang, und er ging ihr nach und sah im Gebüsch ein holdseliges Frauenbild, das ihm zurief:
„Erlöse mich, erlöse mich!
Nur dreimal dreifach küsse mich!"
„Wer bist du denn?" rief der Jüngling, und die Erscheinung sprach:
„Melusine heiß' ich,
Himmel-Stollens Tochter bin ich!
Küsse früh zur neunten Stund'
furchtlos Wangen mir und Mund.
Dann soll ich erlöset sein
und bin mit meinem Brautschatz dein!"
Da sich nun der Jüngling das wunderbare Wesen näher besah, so fand er, daß Melusine wunderschönen Angesichts war, blaue Augen und blonde Locken hatte, auch um den Oberleib gar lieblich und wohlgeformt war – aber mit Händen und Füßen war es nicht so beschaffen. Die Hände hatten keine Finger, sondern glichen offenen Tüten, und Füße waren gar nicht vorhanden, sondern ein Schlangenleib.
Dennoch gab der Jüngling der Erscheinung die ersten drei Küsse ohne Bangen; sie äußerte große Freude darüber, dann verschwand sie. Am anderen Morgen kam der Liebhaber wieder, zog ihrem verlockend süßen Lied nach, das ihm entgegenklang, und fand sie jetzt geflügelt, und der Schlangenleib war

grün geschuppt und lief in einen Drachenschwanz aus. Die Augen und das Antlitz Melusinens aber waren so wunderbar schön und strahlend, und es blühte ihm daraus und von dem kussigen Mund alles Verlangen so verführerisch entgegen, daß er ihr dennoch wieder die drei Küsse gab, und sie erzitterte vor Lust und Verlangen und rauschte ihm mit den Flügeln ums Haupt.

Kaum konnte der Jüngling in der folgenden Nacht ein Auge schließen; alle seine Gedanken waren bei der glühenden, sinnlich schönen Gestalt, und früh vor Tage schon stieg er durch den Wald und zog der süßen Liedesstimme nach. Aber, o weh, wo war das liebreizende Engelangesicht?! Verwandelt war es (...); Melusine hatte jetzt einen Krötenkopf, und den mochte der Liebhaber mitnichten küssen. Vielmehr gab er Fersengeld und lief, was er laufen konnte, und hörte sie lange hinter sich drein rascheln und ihn wehklagend rufen.

Nimmermehr ging er wieder auf den Stollenberg; vielmehr freite er ein Mädchen, das, wenn es auch nicht so zauberschön war wie die Melusine, doch keinen Krötenkopf und keinen Schlangenleib hatte. Da nun das Hochzeitsmahl auf Schloß Stauffenberg bereitet und alles recht fröhlich war, spaltete sich oben in der Zimmerdecke ein klein wenig das Getäfel, und es fiel in des Hochzeiters Teller ein Tröpfchen wie Tau. Niemand sah es; aber wie jener den Bissen, darauf der Tropfen gefallen war, in den Mund steckte, sank er tot nieder, und oben zog sich ein kleiner Schlangenschweif durch die Ritze der Decke hinein. Aus war es mit der Hochzeit.

Zu anderen Zeiten ist Melusine einem Hirtenmädchen erschienen und hat es endlich in den Stollenberg hineingeführt, ihm die unterirdischen Schätze gezeigt und ihm die Bedingungen gesagt, unter denen diese Schätze der Hirtin gehören sollten, wenn sie das Werk der Erlösung vollbringe. Aber das Mädchen hielt nicht seinen Mund, und der Pfarrer bedrohte es mit Kirchenbuße, wenn es sich mit dem Gespenst einlasse. Da ist die Hirtin still geworden, hat nie mehr davon gesprochen und hat das Werk der Erlösung nicht vollbracht.

Noch steht ein doppelter Tannenbaum aus einer Wurzel dort, wo man es „Bei den zwölf Steinen" nennt; der heißt der Melusinenbaum. Nach dieser schwäbischen Sage ist der Name Melusine auch Berg- und Waldfeen eigen und nicht Wasserfeen allein.

***

Der Doppelbaum, der aus einer Wurzel wächst, kennzeichnet sehr treffend das Wesen der Fee, die in beiden Welten zugleich lebt und von daher auch zu Metamorphosen fähig ist. Der Flurname „Bei den zwölf Steinen" erinnert sicher an einen heidnischen Sakralplatz mit Menhiren – und ansonsten stellt diese Sage eine sehr interessante Abwandlung der bekannteren französischen Melusinensagen dar.

Die verzettelten Kohlen
(Baden-Württemberg)

Bei Geislingen hart am Fuß der Rauhen Alb gab es in den Bergen viele Erdwichtele; von denen haben die Geislinger gelernt, die feinen und künstlichen Elfenbeinarbeiten zu fertigen (...).

Einst kam so ein Erdmännele zu einer Geislinger Hebamme und rief sie zum Mitgehen zu seiner Frau. Die Hebamme wollte aber ohne Begleitung ihres Mannes nicht gehen, denn sie traute dem ledernen Männdle nicht so ganz.

Das Männdle war mit der Bedingung auch zufrieden und leuchtete voran; es ging in einen Berg mit schönen unterirdischen Gemächern, und ging auch drinnen alles gut und glücklich vonstatten und war bald wieder ein ledernes Männdle mehr auf der Welt, wenigstens in der Unterwelt.

Statt aller anderen Gaben gab das alte Erdmännele der Hebamme einen ganzen Haufen Kohlen; die mußte sie in ihre Schürze fassen, dachte aber dabei voll Ärger: Ei, daß du verschwarze mieschtest, du wüeschtes Männdle du, wenn i weitersch nix habe soll! Und unterwegs, da das Erdmännele wieder vorleuchtete, warf die Hebamme eine Kohle nach der anderen heimlich aus der Schürze; das Erdmännchen merkte das wohl, kehrte sich um und sprach ernst:

„Je mehr du verzetteleschst,
je mehr du hernach bettleschst!"

Als das Männchen mit Dank von dem Ehepaar geschieden war, wollte die Hebamme gar ihre Kohlen alle hinschütten; ihr Mann litt es aber nicht, sondern sagte:
„Behalt, was de hascht,
es is ja kei Lascht!"
Da behielt die Frau die Kohlen, und wie sie heimkamen, waren es pure Goldstücke. Jetzt bereute die Frau ihr dummes Wegwerfen; sie nahm selbst eine Laterne und rannte zurück und suchte, was sie suchen konnte, und hätte gar zu gern die Kohlen wiedergefunden. Aber damit war es vorbei, und die stille Bitte, die sie an die Erdwichtele richtete, ihr doch nochmals die verzettelten Kohlen zu bescheren, blieb gänzlich unerfüllt.

***

Nachdem die Hebamme der Sídhefrau in der Anderswelt Geburtshilfe geleistet hat, welches Motiv aus der keltischen Mythologie Irlands und Britanniens sehr bekannt ist, bekommt sie Kohlen, die sich später in Goldstücke verwandeln. Schwarz wird also zu Gold oder Weiß – und dadurch ist das Wesen der Wiedergeburt ausgedrückt: Der Tod verwandelt sich in neues Leben.

Die Donaunixe
(Wien)

In der Abenddämmerung, wenn der Mond voll am Himmel steht, taucht zuweilen eine reizvolle Gestalt aus den Donaufluten empor. Das Antlitz der jungen Frau ist von ungewöhnlicher Schönheit; ein Blumenkranz schmückt ihre blonden Locken, Blumengewinde schlingen sich auch um ihre weißen Hüften. Die anmutige Erscheinung läßt sich von den silbern glänzenden Wellen tragen; gelegentlich verschwindet sie wieder im Wasser, um wenig später von neuem aufzutauchen. Manchmal verläßt die Nixe den Strom und streift im Mondlicht über die Uferwiesen; zuweilen sucht sie auch die Nähe der Menschen, betritt eine Fischerhütte und freut sich am friedlichen Dasein der Bewohner. Ebenso kann es geschehen, daß sie die Fischer vor einem Eisstoß, einem Hochwasser oder gefährlichen Stürmen warnt.

So steht sie den einen bei, andere jedoch lockt sie durch ihren verführerischen Gesang ins Verderben. Und wenn einem Mann letzteres widerfährt, vergißt er in seiner unsäglichen Sehnsucht nach ihr alles und folgt ihr in die Donau, die sodann zu seinem Grab wird.

Vor vielen hundert Jahren, als Wien noch eine Kleinstadt war, saßen an einem eisigen Winterabend ein alter Fischer und sein Sohn in ihrer Hütte am Feuer. Sie flickten ihre Netze, redeten dabei über ihren gefährlichen Beruf, und besonders der Alte wußte vieles von Wassergeistern und Nixen zu erzählen. „Auf dem Grund der Donau", so sagte er, „erhebt sich ein Kristallpalast, welchen der Donaufürst mit

seiner Familie bewohnt. Auf großen Tischen stehen umgedrehte Glastöpfe, unter denen die Seelen der Ertrunkenen leben. Der Fürst geht oft am Donaugestade entlang, doch wehe dem Menschen, der so vermessen ist, ihn anzureden; den zieht der Donaufürst hinab in den Strom. Seine Töchter, die Nixen, sind liebreizende Jungfrauen, welche es auf hübsche Burschen abgesehen haben. Läßt sich ein Bursche von ihnen verführen, so ertrinkt er bald. Deshalb hüte dich vor den Nixen, mein Sohn! Es sind zauberhafte Mädchen; manchmal kommen sie auch abends zum Tanz und vergnügen sich mit den Menschen, bis der erste Hahnenschrei sie zurück in die Donau ruft."
Noch manches berichtete der Alte; der Sohn aber lauschte ihm ungläubig, denn bisher war ihm nie eine Nixe begegnet. Kaum jedoch hatte der alte Fischer geendet, öffnete sich die Hüttentür. Ein magischer Lichtschein fiel herein, und da stand ein wunderschönes Mädchen in einem weiß schimmernden Kleid. Ihr Haar leuchtete wie Gold, und in die Locken waren weiße Wasserlilien geflochten. „Fürchtet euch nicht!" sagte die Fremde, wobei sie mit ihren blauen Augen den jungen Fischer ansah. „Ich bin eine Wassernixe und gekommen, um euch zu warnen. Bald wird der Schnee tauen, das Donaueis wird zerspringen, die Flut wird über die Ufer treten und Auen und Fischerhütten verschlingen. Verliert also keine Zeit und flieht!"

Erstarrt saßen die Männer da; auch als die Nixe längst wieder verschwunden war, blieben sie noch lange stumm. Endlich murmelte der Alte: „Hast du sie auch gesehen?" Der Sohn nickte. Es war kein Trugbild gewesen! Beide hatten die Nixe gesehen und hatten ihre warnenden Worte gehört! Nun rannten sie zu den anderen Fischerhütten und berichteten, was ihnen widerfahren war. Daraufhin verließen alle Fischer ihre Behausungen und flohen auf höhergelegenes Land. Als der Morgen dämmerte, vernahmen sie von der Donau her Krachen und Bersten; die Eisblöcke bäumten sich übereinander, und bald war dort, wo die Fischer gewohnt hatten, nur noch ein weiter See. Einzig die Giebel der Hütten waren noch sichtbar – doch niemand war ertrunken, alle waren rechtzeitig geflohen.

Später verliefen die Wasser sich wieder, und alles war wie zuvor. Doch der junge Fischer konnte die wunderschöne Nixe nicht vergessen, immer sah er sie vor sich. Oft und immer öfter ging er zum Stromufer und starrte aufs Wasser hinaus. Im Wellenrauschen vermeinte er den Ruf der Nixe zu hören; manchmal stieg er ins Boot, ruderte auf die Donau hinaus, schaute auf das Wellenspiel – und jeder vorbeischießende Fisch, jede Wolke, die sich im Wasser spiegelte, täuschte ihn. Oft streckte er dann die Arme aus und wollte die Nixe festhalten, doch nie hatte er Glück – und so wurde er von Tag zu Tag trauriger.

Schließlich war seine Sehnsucht derart unerträglich geworden, daß er nachts aus der Hütte schlich, den Nachen bestieg und wie betäubt auf den Strom hinausruderte. Und er kehrte nicht mehr zurück – nur das leere Boot trieb am Morgen noch auf der Donau, denn die Nixe hatte den jungen Fischer in den Kristallpalast auf dem Stromgrund hinabgezogen.

***

Im weißen Kleid, dem blonden Haar und dem weißen Lilienschmuck der Wasserfee wird ihre Verbindung zur Dreifachen Göttin in deren jugendlicher Gestalt kenntlich. Die blauen Augen der Nixe weisen aber auch auf ihren Todes- und Andersweltaspekt hin – und in der Tat agiert die Wasserfee zwischen Annwn, dem Kristallpalast auf dem Donaugrund, wo die Seelen der Toten in den „Gläsern" leben, und der Diesseitswelt.

Die Spuknacht auf Schloß Schauenstein
(Niederösterreich)

Der Dreißigjährige Krieg war endlich vorbei, und die entlassenen Soldaten machten sich auf den Weg in ihre Heimat. Viele jedoch wußten nicht mehr, wohin sie gehörten; sie hatten keine Angehörigen und Verwandten mehr, und so mancher irrte ziellos durch die Lande.

So geschah es, daß ein schon älterer Kriegsmann ins Waldviertel kam. Am späten Abend trat er in eine

Taverne, und der Wirt setzte sich zu dem Fremden und fing eine Unterhaltung mit ihm an. Irgendwann sagte der Soldat, daß er nicht wisse, wo er am nächsten Tag Unterkunft finden könne; da riet ihm der Wirt, sein Glück auf dem nahen Schloß Schauenstein zu versuchen. Dieses Schloß sei vor hundert Jahren in einen Zauberbann geschlagen worden, und es liege ein Schatz dort, den ein mutiger Mann mit Glück an sich bringen könne. „Allerdings", so sagte der Wirt am Ende, „hat es bisher keiner geschafft. Dutzende sind in das Schloß gegangen, doch keiner kam mehr heraus. Alle sind sie auf Nimmerwiedersehen verschwunden!"

Der Soldat indessen hatte dem Tod schon oft ins Auge geschaut und ließ sich deshalb durch die Warnung des Wirts nicht abschrecken. Und am näch-sten Abend, als er den Schloßberg hinaufstieg, hatte er eine geweihte Kerze und geweihte Kreide in der Tasche. Als er oben ankam, sah er, daß die Schloßfenster erleuchtet waren und das Tor offenstand. Der Soldat schritt in das Gebäude, kam durch finstere Gewölbegänge und erreichte zuletzt den großen Rittersaal, wo Hunderte von Kerzen brannten, aber keine Menschenseele zu sehen war. Dort stellte der Soldat seine eigene geweihte Kerze auf die Tafel, zog mit der geweihten Kreide einen großen Kreis um die Tafel herum und setzte sich hinein. Danach zog er seinen Raufdegen und erwartete die Mitternacht.

Kaum hatte es die zwölfte Stunde geschlagen, öffnete sich das Portal des Rittersaales. Vier Zwerge, die ganz in Schwarz gekleidet waren, kamen langsamen und feierlichen Schritts herein; sie trugen einen Sarg und stellten ihn am Rand des Kreidekreises ab. Gleich darauf hob sich der Deckel des Sarges; ein Zwerg, der eine goldene Krone auf dem Haupt trug, stieg heraus – und während dies geschah, füllte sich der Sarg bis zum Rand mit gleißenden Goldmünzen. Nun trat der Zwergenkönig näher an den Soldaten heran und forderte ihn auf: „Du sollst diesen Hort in zwei gleiche Teile scheiden! Sofern du das vermagst, gehört die eine Hälfte des Schatzes dir, und ich bin erlöst. Kannst du es jedoch nicht, so wirst du sterben, und ich muß weiter auf meine Erlösung warten."
Der Soldat bedachte sich kurz; dann begann er kalten Blutes mit dem Zählen der funkelnden Goldmünzen und teilte sie, immer eine hierhin und eine dorthin, in zwei Haufen. Zuletzt allerdings behielt er eine Münze übrig – doch da schwang er nach kurzem Nachdenken seinen Degen und haute das Goldstück mitten durch.
Im selben Moment ließ ein tosender Donnerschlag das ganze Schloß erdröhnen. Die Saaltüren flogen auf, Reisige, Mägde und Knechte kamen herein. Aus dem Zwergenkönig aber wurde ein großgewachsener Ritter, und der sprach jetzt zu dem Soldaten: „Ich war der letzte Herr auf Schauenstein, ehe das Schloß

unter den Zauberbann geschlagen wurde. Und lange, lange Jahre über habe ich dich erwartet. Denn du stammst von meinem Blut, hast es bisher bloß nicht gewußt. Nun jedoch weißt du es und kannst das Erbe deiner Ahnen antreten!"

Kaum hatte der Ahnherr des Soldaten dies gesagt, verwich er – und mit ihm alle anderen. Schauenstein aber war nun Eigentum des betagten Kriegsmannes, und damit hatte sein Herumirren ein glückliches Ende gefunden.

***

Zwar ist diese Sage zeitlich im 17. Jahrhundert angesiedelt und durch die geweihten Gegenstände auch ein wenig christlich verfälscht – doch ihr Kerngehalt ist eindeutig keltisch. Dies wird vor allem durch den Sarg deutlich, der sich beim Heraussteigen des Toten, eines Sídh, mit gleißenden Goldmünzen füllt. Etwas Schwarzes (der Sarg) verwandelt sich also in etwas Weißes (das Gold), und dies ist klare keltische Wiedergeburtsmetaphorik – wobei sich der alte Ritter quasi in seinem späten Nachfahren reinkarniert: dem Soldaten, der nun als neuer Schloßherr das Leben des verstorbenen Ritters weiterführt. – Hochinteressant ist auch das Sinnbild von der letzten Münze, welche der Soldat mit dem Degen durchschlägt. Genau hiermit erfüllt er die eigentliche, spirituelle Aufgabe, die sein Vorfahr ihm stellte. Indem er die Münze durchtrennt, scheidet er im verzauberten Schloß Diesseits- und Anderswelt und ermöglicht dadurch die „Erlösung" des alten Ritters: die endgültige Ablösung des bis dahin noch gebannten Toten von der Diesseitswelt.

Die Waldfee
(Burgenland)

Einst lebte in einem Dorf im Burgenland ein Bauernbursche namens Hans. Viele Mädchen waren in ihn verliebt, doch der junge Mann konnte sich für keine entscheiden. Und schließlich verließ er das Dorf sogar, um die weite Welt kennenzulernen. Jahrelang blieb Hans fort, und man hatte ihn beinahe schon vergessen. Dann aber kehrte er doch wieder heim, und in seiner Begleitung war ein fremdes Mädchen. Diese junge Frau trug ein blaues Kleid und übertraf selbst die hübschesten Mädchen im Burgenland weit an Schönheit, und bald nach seiner Rückkehr vermählte sich Hans mit der Fremden.
Die Dorfbewohner rätselten über die Herkunft der wunderschönen jungen Frau, doch wenn sie deren Ehemann darauf ansprachen, gab er ihnen keine Auskunft. Nur einmal bekannte Hans gegenüber einem alten Freund, daß er seiner Geliebten, ehe sie ihn heiratete, drei Versprechen habe geben müssen: Um keinen Preis ihre Herkunft zu verraten, sie nie bei ihrem Namen zu rufen und sie niemals aufzufordern, zu tanzen oder zu singen. Und daran werde er sich strikt halten, denn falls er auch nur eines der

drei Versprechen brechen würde, müßte sich sein Eheglück in Unglück verwandeln.

Weitere Jahre vergingen; die Liebe zwischen Hans und seiner Frau schien immer noch mehr zu wachsen, und zudem hatten die beiden nun zwei außergewöhnlich schöne Kinder. An manchen Tagen freilich ließ die junge Ehefrau ihren Mann und die Kinder allein und verschwand für viele Stunden im Wald. Darüber tratschten die Dörfler und stellten allerhand Vermutungen an; Hans jedoch machte seiner Frau niemals Vorhaltungen wegen ihres seltsamen Benehmens und freute sich immer von Herzen, wenn sie wieder aus dem Wald heimkehrte.

Irgendwann dann hatte Hans etliche größere Besorgungen zu erledigen und mußte das Dorf für ein paar Tage verlassen. Da er noch nie so lange von seiner Frau getrennt gewesen war, konnte er es kaum erwarten, sie wiederzusehen. Als er endlich zurückkam, standen seine Frau und die Kinder vor dem Hoftor, um ihn zu begrüßen. Und da ließ ihn seine überschwengliche Wiedersehensfreude alles andere vergessen, so daß er seiner Ehefrau zurief: „Vila! Oh, liebe Vila! Singe doch und tanze wie damals, als ich dich das erste Mal auf der Waldwiese sah!"

Die junge Frau erstarrte; sie machte Anstalten, ins Haus zu fliehen. Doch dann begann sie plötzlich wie unter einem unwiderstehlichen Zwang zu tanzen; leichtfüßig und fast schwerelos tanzte sie, und dazu sang sie mit leiser, unendlich trauriger Stimme ein Lied.

Wie gebannt lauschte ihr Hans – dann auf einmal begriff er, daß er das Versprechen, das er ihr einst gegeben, gebrochen hatte. Er rannte zu seiner tanzenden Ehefrau, umschlang sie und wollte sie auf diese Weise bei sich festhalten. Doch die schöne Vila schluchzte: „Hans, mein geliebter Hans! Warum hast du dein Wort nicht gehalten? Nun muß ich dich verlassen!" Und damit löste sie sich gleich Nebel in seinen Armen auf und verschwand; allein blieben der Mann und die beiden Kinder zurück.

Jetzt war den Dörflern klar, von welcher Art die Fremde gewesen war. Doch sie konnten sich über ihr Wissen nicht freuen, denn ihr Heimatdorf erschien ihnen ohne die wunderschöne Frau plötzlich wie verwaist. Und daher hätten sie viel darum gegeben, wenn ihnen verborgen geblieben wäre, daß es sich bei der Fremden um eine Vila, eine Waldfee, gehandelt hatte.

***

Die Vila in dieser Sage darf nicht mit dem gleichnamigen slawischen, arg christlich verzerrten weiblichen Hexengeist verwechselt werden, der allerdings ebenfalls auf eine Feengestalt zurückgeht. Denn in der vorliegenden Sage von der Waldfee sind eindeutig keltische Elemente bestimmend. Präzise gesagt: Es geht hier um einen typisch keltischen Geis, eine unverbrüchliche, tabuartige Verpflich-

tung, welche die Fee Vila ihrem Gemahl auferlegt hat, und als der Mann diesen Geis – die drei Versprechen – leichtfertig bricht, muß die Fee ihn verlassen und in ihre andersweltliche Heimat zurückkehren.

Der überschwellende Ossiacher See
(Kärnten)

Einst lebten im Ossiacher See und seinen Zuflüssen Nixen und anderes Wasservolk; in den Wäldern ringsum tanzten Elfen ihren Reigen, und in den Bergstöcken bewachten Zwerge ihre Horte.
Eines Abends, es war Vollmond, spazierte ein junger Fischer mit seiner Geliebten am Seegestade entlang. Das Paar hatte einzig Augen füreinander – und daher bemerkten die beiden nicht, daß weiter draußen im See eine wundersame Gestalt über die Wogen emportauchte und sie aufmerksam beobachtete.
In der folgenden Nacht sodann fuhr der junge Mann zum Fischen hinaus; plötzlich vernahm er einen zauberhaften Gesang, der ihn betörte. Wie im Traum schaute er vor sich hin – dann stieg aus dem See eine junge Frau von überirdischer Schönheit heraus. Sie glitt zu ihm in den Nachen und verführte ihn, und nachdem der Fischer ihre Leidenschaft genossen hatte, war er völlig verändert.
Er mied den Umgang mit seiner ehemaligen Geliebten, wirkte bei der Arbeit seltsam verschlossen

und schien oft unter Schwermut zu leiden. Und der Grund dafür war, daß er an nichts anderes mehr als an die wunderschöne Nixe denken konnte; jede Nacht ruderte er auf den See hinaus – doch die Wasserfee zeigte sich ihm nicht wieder.

So verstrich ein Monat, dann stand erneut der Vollmond am Himmel. Auch in dieser Nacht wieder war der junge Fischer auf dem See – und nun glitt die Nixe abermals zu ihm in den Nachen. Doch kaum hatte der Fischer sie an sich gezogen, überlief es ihn kalt; unvermittelt mußte er an seine verlorene Geliebte denken, und gleich darauf vertraute er sich der Wasserfee an. „Du bist so zauberschön", sagte er ihr, „daß ich dich mit glühender Sehnsucht begehre. Aber dennoch habe ich einer anderen, die jetzt weinend in ihrer Hütte sitzt, die Treue versprochen..."

Die Nixe aber verstand ihn nicht; sie kannte in ihrer Welt weder Trauer noch Schmerz, einzig den Scherz, das Lachen und die Fröhlichkeit. Und daher verspottete sie den Fischer, bis er vom Zorn auf sie ergriffen wurde, so daß er sie zurück in den See stieß und danach hastig ans Ufer ruderte.

Die Wasserfee, die den Schmerz jetzt doch erfahren hatte, war zutiefst gekränkt. Wütend saß sie in ihrem Kristallpalast auf dem Seegrund und schmiedete Rachepläne. Freilich wußte sie, daß der Wasserfürst, der Herr über die Nixen war, keinen Streit mit den Menschen wollte – und deshalb goß sie, als der

Fürst beim Mittagsmahl saß, einen Betäubungstrunk in seinen Pokal. Dann, als der Wasserfürst wie tot schlief, eilte die Nixe zu den Zuflüssen des Sees und ließ sie gewaltig anschwellen.

Der See trat über seine Ufer, die Fluten verschlangen das umliegende Land; zahlreiche Menschen, die sich nicht mehr rechtzeitig in Sicherheit bringen konnten, ertranken. Auch der junge Fischer hatte sich nicht mehr rechtzeitig auf einen Hügel oder ein Hausdach retten können. Er kämpfte mit dem Wasser; bemühte sich verzweifelt, ein Haus zu erreichen, dessen First gerade noch aus der Flut schaute. Und dann, im selben Moment, da die wilden Wogen den Dachgiebel erreichten, stürzte sich eine junge Frau ins Wasser. Es war die Geliebte des Fischers. Sie hatte ihn herbeischwimmen sehen; jetzt wollte sie mit ihm sterben – und wenig später wurden beide, eng umschlungen, von der Flut verschlungen.

In der Abenddämmerung erwachte der Wasserfürst aus seinem Betäubungsschlaf. Zutiefst entsetzt erkannte er, was die Nixe angerichtet hatte; nun griff er ein, um noch Schlimmeres zu verhindern. Er bändigte die Zuflüsse des Sees, so daß dessen Flut langsam wieder sank. Dann bestrafte er die Nixe, indem er sie aus dem Kristallpalast verbannte; zudem zwang er sie, irdische Gestalt anzunehmen und künftig als Menschenfrau außerhalb des Ossiacher Sees zu leben.

***

In ihren Grundmotiven erinnert diese österreichische Feensage stark an eine irische: die Liebesgeschichte zwischen dem Ulsterhelden Cúchulainn und der Fee Fann. Denn auch aus der Beziehung dieses Paares erwachsen bedrohliche Turbulenzen – und zuletzt muß ebenfalls ein Wasserfürst, der irische Meeresgott Mananann Mac Lir, eingreifen, um die Ordnung wiederherzustellen.

Die Frau von Alvensleben
(Thüringen)

Die Chroniken melden von einer (...) adligen Witwe aus dem alten Geschlecht derer von Alvensleben, daß sie gar gütig (...), mildtätig und hilfreich gewesen; vor allem stand sie den Bürgerfrauen zu Calbe im Werder gern bei in schweren Kindesnöten.
Da kam einmal in einer Nacht eine Botin vor das Schloß und rief zu der Edelfrau hinauf, sie solle aufstehen und sich ankleiden und ihr folgen zu einer Frau, die in äußerster Not und Gefahr schwebe (...), und es wohne diese Wöchnerin nahebei draußen vor der Stadt. Darauf erwiderte die Edelfrau, daß es ja mitten in der Nacht sei, wo die Stadttore geschlossen seien; wie sie denn da hinauskommen sollten? Aber die Botin antwortete, das Tor sei schon geöffnet, und da ging die Frau von Alvensleben mit. Unterwegs flüsterte die Botin ihr zu, sie solle nicht bange sein

– jedoch auch nichts annehmen von Essen und Trinken, was man ihr auch anbieten würde.

Das Tor war wirklich für sie geöffnet, und draußen im Felde währte es nicht lange, so kamen sie an einen Berg. Der stand offen, und obwohl die Frau von Alvensleben nun sah, daß der Gang, der dort hineinführte, keiner von den gewöhnlichen sei, so hatte sie doch keine Furcht und ging getrost weiter. Da kam sie in ein Gemach; drinnen fand sie ein kleines Weiblein liegen, das der Hilfe einer Wehmutter dringend bedurfte.

Diese Hilfe leistete nun die Frau von Alvensleben dem kleinen Weiblein, und nachdem sie ihr Geschäft glücklich vollbracht und ein gesundes Kindlein hatte zur Welt befördern helfen, rüstete sie sich wieder zum Hinweggehen. Und sie tat nicht, wie die gewöhnlichen Wehmütter tun, die gern und oft und viel essen und trinken und auch noch einen Brotwecken mitnehmen, sondern sie rührte von allem, was da für sie bereitstand, nichts an.

Die Botin, welche sie hergeführt, brachte sie auch wieder zurück und leuchtete ihr mit der Laterne, wie sie zuvor geleuchtet hatte. Vor dem Schloßtor aber blieb sie stehen, sprach noch einmal den Dank der Wöchnerin aus und gab ihr von dieser einen schönen goldenen Ring, indem sie sagte: „Bewahrt diesen Ring zum Andenken als ein heiliges Pfand und laßt ihn niemals von Eurem Geschlechte kommen. Solange der Ring in Eurem Geschlechte aufbewahrt bleibt, so lange wird es fortblühen; geht er aber verloren, dann verlöscht Euer ganzer Stamm!"

Als hernachmals das Alvenslebensche Geschlecht sich in zwei Linien teilte, bis zu welcher Zeit der Ring sorglich aufbewahrt worden sein soll, da habe man, sagen einige, auch den Ring geteilt, doch damit viel Gutes nicht erzielt. Denn die eine Hälfte des Ringes sei in einem Feuer zerschmolzen, und seitdem sei auch die Linie, die sie besessen, in Verfall und Abnehmen gekommen, und es ergehe ihr nicht gut. (...)

***

Eindeutig wird die Frau von Alvensleben in die andersweltliche Dimension geführt, um dort einer Gebärenden aus dem Kleinen Volk, einer Sídh, beizustehen, wofür sie großen Lohn erhält. Typisch keltisch ist auch die Warnung, in Annwn weder Speise noch Trank anzunehmen – wer dies nämlich tun würde, könnte nach keltischem Glauben nicht mehr in die Diesseitswelt zurückkehren.

Die Saalenixen
(Thüringen)

Von den Saalenixen gehen der Sagen viele; der Fluß zieht in mannigfaltiger Krümmung durch weite Länderstrecken von seinem Ursprung auf dem Fichtelgebirge bis zu seiner Einmündung in den Elbstrom in der Nähe von Barby.

Zu Wilhelmsdorf zwischen der Saale und dem Städtchen Ranis hat sich eine Saalenixe des öfteren gezeigt. In der Berggrube bleichte sie ihre Wäsche, die war blütenweiß und rot gerändelt. Ein Bauer, der dort vorüberfuhr, hieb mit seiner dreckigen Mistgeischel ein paarmal darüber hin, daß man garstige Striemen sah. Da stand die Nixe plötzlich an seinem Wagen und schalt, er solle das nicht noch einmal tun, sonst wäre es aus mit ihm. Murrend fuhr der Bauer davon. Als er das nächste Mal wieder an derselben Stelle vorbeikam, lag die Bleichwäsche wieder dort, aber es war keine Nixe dabei. Da trieb der angeborene Frevelsinn, der manchem im Leibe steckt, den Bauern an, nach Herzenslust auf die blütenweiße Wäsche zu schlagen und sie mit dreckigen Striemen zu zeichnen. Und aufgrund dieser Frevelübung merkte er gar nicht, daß aus der nahen Berggrube hervor endlos Wasser strömte, bis er es an den Füßen spürte, bis es über die Knie ihm schwoll – und da er sich nun hinauf auf seinen Wagen vor der mehr und mehr anschwellenden Flut retten wollte, war die Nixe da, riß ihn zurück, tauchte ihn unter und hielt ihn fest, bis ihm der Odem ausging.

Lange Zeit trieb diese Saalenixe zum Zeitvertreib ihr Wesen in der Kosterquelle und den runden Teichen auf der Walperwiese bei Wilhelmsdorf. Einstmals ging ein Mann aus dem Dorf nach dem schwarzen Holze an der Herthigstelle, sich dort einen Peitschenstecken zu holen. Die Sonne ging gerade auf, als der Wilhelmsdorfer über die Walperwiese schritt. Er sah, wie die Nixe blendendweiße Wäsche am Rand der Kosterquelle zum Trocknen ausgebreitet hatte. Daneben saß sie selber und wiegte ihr noch schlaferndes Kind. Erschrocken darüber wollte er von der unheimlichen Stelle ausbiegen, doch die Nixe hatte ihn schon gewahrt. Sie fragte nach seinem Anliegen und versprach ihm einen Peitschenstecken, mit dem er gewiß zufrieden sein solle, wenn er unterdes das kleine Nixlein recht schön wiegen wolle. Der Mann wollte die Nixe nicht böse machen und setzte sich bei der Wiege nieder. Unbeholfen stieß er daran und brachte sie nach einer Weile in starken Schwung. Eines solchen Wiegens ungewohnt, erhob die kleine Nixe wehklagend ihre Stimme. Da schaute die Nixenmutter sich um, drohte mit der Hand und gebot ihm Schonung für ihr Kind. Der Mann aus Wilhelmsdorf aber wurde dadurch so aus der Fassung gebracht, daß er die Wiege umwarf und dann entfloh. Die zurückkehrende Saalenixe schwor dem Fliehenden Rache, und ehe dreimal vierundzwanzig Stunden vergangen waren, lag er als toter Mann in der Saale. (...)

***

Hier zeigt sich die Saalenixe – korrespondierend mit walisischen und irischen Sagen – als Wäscherin an einem Gewässer. In ihren Wäschestücken erscheinen die Farben der Dreifachen Göttin, was besonders im ersten Sagenteil deutlich wird. Die Wäsche der Nixe ist hier blütenweiß und rot gerändelt; der frevlerische Bauer beschmutzt das Wäschestück, macht es also schwarz. Damit aber hat er sein eigenes Schicksal besiegelt, denn Schwarz ist die Todesfarbe – und der Bauer wird von der Nixe, nunmehr einer Todesfee, ersäuft.

Das Lindigsfrauchen
(Hessen)

Außer der Brandenburg, auf der noch eine wandelnde Jungfrau umgeht, soll bei Gerstungen noch eine Burg gelegen haben, das Lindigsschloß genannt. Darauf wohnte ein wunderschönes Fräulein, dessen Schönheit sprichwörtlich war im ganzen Gau, das hatte aber gar seltsamen Verkehr mit den Geistern der Elemente, mit den Nixen des Talflusses und mit den Kobolden und Wichtlein im Reichelsdorfer Bergwerk. Deshalb gaben die Eltern ihre Tochter in ein Kloster unter dem Arnsberg, welches der heilige Bonifatius angelegt haben soll, aber aus diesem Kloster ließ sich das Fräulein durch einen jungen Ritter von der Brandenburg entführen, der sie zur Gemahlin nahm.

Doch auch als solche konnte sie sich des Umganges mit den Nixen nicht ganz enthalten; sie verlobte ihren einzigen Sohn mit einer Wasserfee, und diese holte ihn frühzeitig in ihr nasses Reich, das heißt in der Alltagssprache: Der junge Knabe ertrank in der Werra. Von einem dunklen Sehnen ruhelos umhergetrieben, fand die junge Frau kein Glück; sie gehörte nur halb der Oberwelt an, und als ihr früh das letzte Stündlein schlug, schied sie ohne Beichte, weil sie nicht Lust und Neigung hatte, dem Pfaffen auf die Nase zu binden, welche wonne- und wundersamen Geheimnisse ihren tief verschlossenen Jungfrauen- und Frauenbusen bewegt und erfüllt hatten.

***

Wenn wir für die Oberwelt Diesseitswelt setzen, dann wird klar, daß hier von einer feenhaften Sídh die Rede ist, die in die irdische Welt kam, aber hier aufgrund ihrer starken Andersweltbindung keine wahre Heimat fand.

„Die Zwergenhöhle"
und andere Sagen vom Kleinen Volk

Die Wichteln bei Kelheim
(Bayern)

Bei Kelheim an der Donau oberhalb Regensburgs, wo in grauer Vorzeit die Kelten eine Burg hatten und noch Römerschanzen unter dem Namen des Heidengrabens zu finden sind, gab es vorzeiten auch Wichteln.

Die waren von guter, hilfreicher Art, in Haus und Hof, Acker und Wiese; man hörte nur Gutes von ihnen sagen. Sie beschenkten sogar die von ihnen Begünstigten, außer daß sie jegliche Arbeit für sie taten, mit goldenen und silbernen römischen Pfennigen. Insbesondere waren sie aber auch den Donauschiffern hilfreich und förderlich; am meisten an den gefahrvollen Stellen der langen Wand, wo sich die Felsen zu beiden Seiten schroff und steil in den Stromspiegel senken, so daß kein Fußbreit Land für eines Menschen Tritt bleibt und starre Felsgebilde auf die Schiffer herabschauen.

Ein Zwergenschloß hat in jener Gegend gestanden, aber niemand vermag es zu finden, und der Schatz, der in dessen Tiefen ruht, bleibt verloren. Endlich sind auch hier die Zwerge von dannen gezogen;

vielleicht zur selben Zeit, als Herzog Tassilo das Kloster Urzberg in Kelheims Nähe gründete, welches das erste in ganz Bayern war. Das war in der Zeit, als der heilige Kolumban in dieser Gegend (...) den christlichen Glauben predigte, denn das Gebimmel der Klosterglocken war den Zwergen unausstehlich. Ein Fährmann bei Weltenburg hörte nachts den Ruf: „Hol über!" – der fand einen Zwerg und nahm ihn in seinen Nachen, und der Nachen wurde so schwer, daß er sich bis zum Rand in die Flut senkte. Drüben wimmelten Hunderte aus dem Nachen, und jeder spendete einen Denar, altes Römergeld. Als alle gezahlt hatten, besaß der glückliche Schiffer eine römische Münzsammlung in seiner Mütze (...), aber die Wichteln waren ausgewandert, und niemals ließ sich wieder eins blicken. Sie haben aber hübsche Andenken hinterlassen; sie haben in den Kelheimer Schiefer die schönsten, allerliebsten Bäumchen und Strauchwerke und die niedlichen Fische und sonstiges mit feinstem Pinsel auf das sauberste gemalt.

***

Bei den „Malereien" des Kleinen Volkes handelt es sich in Wahrheit um Versteinerungen im Schiefergestein – ansonsten drückt die Sage sehr deutlich aus, welchen Schaden die Menschen in der Kelheimer Gegend durch das Verschwinden der Sídhe infolge der Christianisierung erlitten.

Die Wichtlein an der Altmühl
(Bayern)

Ebenso wie an der Donau bei Kelheim gab es auch an der Altmühl, die sich ja eben bei Kelheim schwesterlich in der Donau Umarmung senkt, Wichteln. Dort im Altmühlbereich ist ohnehin ein weiter Tummelplatz von allerlei Spukgeistern.
Da ist eine Mühle am Altmühlfluß gelegen, heißt die Bubenroder Mühle; ihr gegenüber erhebt sich der Burgstein: ein hoher Steinfels mit einem Schlupfloch und einem unterirdischen Gang. Daraus kamen allabendlich nach dem Gebetläuten drei Wichteln in die Mühle und arbeiteten, reinigten, fegten, schütteten auf und mahlten, und am Morgen war alle Arbeit getan. Auch legten sie dem Müller auf einen Stein am Burgstein alle Tage einen blanken Fünfzehner oder gar einen Sechsbätzner, die er fand und ruhig einsteckte. Mit dem ersten Schlag der Morgenglocke kehrten die Wichtlein wieder in ihren Felsen zurück. Da wollte es der Müller auch gut machen und meinen, wie viele andere (...), und ließ ihnen neue Kleidchen machen und legte sie auf den Steg, damit sie ihre alte, schäbige Tracht ablegen sollten, denn sie sahen immer aus, als würden sie, wenn sie einer an eine Wand würfe, daran kleben bleiben. Da kamen sie, da nahmen sie die neuen Kleidchen, besahen sie

her und hin, wandten sie traurig nach oben und nach unten und sprachen dann:
„Abgelohnt, ausgefront.
Treuer Sinn, fahre hin!"
Und sie schwanden samt den neuen Kleidchen hinweg und kamen nimmermehr wieder. Der Name Bubenrod aber soll von den Wichtlein herrühren, weil sie nicht größer als kleine Buben gewesen.

***

Daß das Kleine Volk keine profanen Geschenke von Menschen annimmt oder aber nach Annahme solcher Geschenke aus der Diesseitswelt verschwindet, ist ein öfter anzutreffendes Motiv in keltischen Sagen. Die Sídhe handeln vermutlich so, weil sie von den Menschen mit Ausnahme von Nahrungsmitteln keine materiellen Gaben, sondern geistig-spirituelle Zuwendung wollen.

Die Zwergenhöhle
(Oberösterreich)

Ein Bauer, der bei Obernberg am Inn lebte, war in arge Not geraten. Tief bedrückt ging er deshalb in ein anderes Dorf, in dem Verwandte lebten, um von ihnen Hilfe zu erbitten. Auf dem Weg zu diesem Dorf gelangte er in eine dunkle Klamm. Müde und niedergeschlagen sank er auf einen Felsen und flüsterte: „Ach, wenn mir doch bloß eine gütige Fee oder ein wohlmeinender Zwerg beistehen würden!"

Plötzlich glaubte er hinter sich wispernde Stimmen zu hören. Er stand auf, drehte sich um und spähte in den Wald. Zwar sah er dort niemanden, doch die Stimmen waren nun deutlicher zu vernehmen – vom Ende der Klamm her. Er pirschte dorthin; auf einmal sah er außerhalb der Schlucht auf einer Waldwiese viele hundert Zwerge, welche tanzten und miteinander spielten. In der Wiesenmitte aber stand ein zauberhafter, golden glänzender Wagen, an dessen Deichsel sechs weiße Ziegenböcke gespannt waren. Und in dem Gefährt saß ein alter, ehrwürdig wirkender Zwerg, der in einen Purpurmantel gehüllt war und eine schimmernde Krone trug.

Als die Zwerge den Bauern entdeckten, kamen sie alle herbei und führten ihn vor ihren König. Der Bauer klagte dem Zwergenkönig seine Not; da befahl dieser seinen Untertanen, zu einem in der Nähe befindlichen niedrigen Erdhügel voranzugehen und das unsichtbare Portal dort zu öffnen. Als das Tor aufgeschlossen war, fuhr der König hinter seinem Volk her, und der Bauer durfte ihm folgen. Ein langer, nur ganz schwach erhellter Gang führte in den Erdhügel; hinten gab es ein Eisentor, das weit offenstand.

Als er eintrat, erblickte der Bauer einen großen, strahlend hell erleuchteten Saal. Gold, Silber und Edelsteine waren an den Wänden aufgeschichtet; ganz wie die Getreidehaufen auf dem Scheunenboden eines reichen Großbauern. Wie gebannt schaute der arme Bauer auf diese Schätze; schließlich luden ihn die Zwerge ein, weiterzugehen, und führten ihn in einen anderen Saal, wo es eine reichgedeckte Tafel gab.

Noch nie im Leben hatte der Bauer so gut gegessen und getrunken – und der Festschmaus dauerte volle zwei Tage und Nächte. Am dritten Tag sodann fragte der Zwergenkönig seinen Gast, ob er nicht für immer bleiben wolle. Doch da erinnerte sich der Bauer jäh an seine Familie und deren Not, und er antwortete dem König: „Zwar gibt es in Eurem Reich weder Not noch Sorgen, doch oben auf der Erde leiden meine Frau und meine Kinder Armut und Elend. Auch sorgen sie sich bestimmt schon um mich, und deshalb bitte ich Euch, mich nach Hause heimkehren zu lassen." Da nickte der Zwergenkönig lächelnd und erwiderte: „Morgen darfst du gehen. Und gleich jetzt darfst du dir von meinen Schätzen nehmen, was du möchtest."

Da füllte der Bauer einen Sack mit Gold, Silber und Edelsteinen – und am nächsten Morgen geleiteten die Zwerge ihn zurück zu der Waldwiese. Von dort aus lief er mit seinem Schatz eilends heim, wo seine Familie sich wegen seines langen Fortbleibens schon schrecklich geängstigt hatte – denn er war nicht bloß drei Tage weg gewesen, wie er geglaubt hatte, sondern eine volle Woche. Doch nun brauchten er und die Seinen keine Not mehr zu leiden, und das verdankten sie den Zwergen.

***

In dieser Sage kehrt der Bauer aus dem andersweltlichen Reich des Kleinen Volkes zurück, obwohl er dort gegessen und getrunken hat und deshalb – wie die inselkeltische Mythologie häufig warnt – eigentlich für immer in Annwn bleiben müßte.

Die Heilingszwerge
(Böhmen)

Am Fluß Eger, zwischen dem Hof Wildenau und dem Schloß Aicha, ragen ungeheure große Felsen hervor, die man von alters her die Heiligenfelsen nannte. Am Fuß derselben erblickt man eine Höhle, inwendig gewölbt, auswendig aber nur durch eine kleine Öffnung, in die man, den Leib gebückt, kriechen muß, erkennbar. Die Höhle wurde von kleinen Zwerglein bewohnt, über die zuletzt ein unbekannter alter Mann, des Namens Heiling, als Fürst geherrscht haben soll.

Einmal vorzeiten ging ein Weib, aus dem Dorf Taschwitz gebürtig, am Vorabend von Peter-und-Pauls-Tag in den Forst und wollte Beeren suchen; es wurde ihr Nacht, und sie sah neben diesen Felsen ein schönes Haus stehen. Sie trat hinein, und als sie die Tür öffnete, saß ein alter Mann an einem Tisch, schrieb emsig und eifrig. Die Frau bat um Herberge und wurde willig angenommen. Außer dem alten Mann war aber kein lebendes Wesen im ganzen Gemach, allein es rumorte heftig in allen Ecken. Der Frau ward greulich und schauerlich, und sie fragte den Alten: „Wo bin ich denn eigentlich?" Der Alte versetzte, daß er Heiling heiße, bald aber auch abreisen werde, „denn zwei Drittel meiner Zwerge sind schon fort und entflohen". Diese sonderbare Antwort machte das Weib nur noch unruhiger, und sie wollte mehr fragen, aber er gebot ihr Stillschweigen und sagte nebenbei: „Wärt Ihr nicht gerade in dieser merkwürdigen Stunde gekommen, solltet Ihr nimmer Herberge gefunden haben." Die furchtsame Frau kroch demütig in einen Winkel und schlief sanft, und wie sie am Morgen mitten unter dem Felsgestein erwachte, glaubte sie geträumt zu haben, denn nirgends war da ein Gebäude zu sehen. Froh und zufrieden, daß ihr in der gefährlichen Gegend kein Leid widerfahren sei, eilte sie nach ihrem Dorfe zurück, doch dort war alles so verändert und seltsam.

Im Dorf waren die Häuser neu und anders aufgebaut; die Leute, die ihr begegneten, kannte sie nicht und wurde auch nicht von ihnen erkannt. Mit Mühe fand sie endlich die Hütte, wo sie sonst wohnte, und auch die war besser gebaut; nur dieselbe Eiche beschattete sie noch, welche einst ihr Großvater dahin gepflanzt hatte. Aber wie sie in die Stube treten wollte, ward sie von den unbekannten Bewohnern als eine Fremde von der Tür gewiesen und lief weinend und klagend im Dorf umher. Die Leute hielten sie für wahnwitzig und führten sie vor die Obrigkeit, wo sie verhört und ihre Sache untersucht wurde; siehe da, es fand sich in den Gedenk- und Kirchenbüchern, daß gerade vor hundert Jahren an eben diesem Tag eine Frau ihres Namens, welche nach dem Forst in die Beeren gegangen, nicht wieder heimgekehrt sei und auch nicht mehr zu finden gewesen war. Sie lebte nun ihre übrigen Jahre ruhig und sorgenlos aus und wurde von der ganzen Gemeinde anständig verpflegt zum Lohn für die Zauberei, die sie hatte erdulden müssen.

***

Peter-und-Pauls-Tag ist der 29. Juni; der Vorabend des 29. Juni liegt nahe am keltischen Fest Alban Heruin zur Sommersonnenwende. Und zur Sonnwendzeit kann nach altem Keltenglauben auch die irdische Realität umschlagen: hinein ins Andersweltliche – besonders, wenn man wie die Frau in der Sage an einem heiligen Ort mit einem Sídhefürsten in Berührung kommt.

Der einkehrende Zwerg
(Schweiz)

Vom Dörflein Rallingen am Thuner See und von Schillingsdorf, einem durch Bergfall verschütteten

Ort des Grindelwaldtales, vermutlich von anderen Orten mehr, wird erzählt:

Bei Sturm und Regen kam ein wandernder Zwerg durch das Dörflein, ging von Hütte zu Hütte und pochte regentriefend an die Türen der Leute, aber niemand erbarmte sich und wollte ihm öffnen; ja, sie höhnten ihn noch dazu aus.

Am Rand des Dorfes wohnten zwei brave Alte, Mann und Frau, da schlich das Zwerglein müde und matt an seinem Stab einher, klopfte dreimal bescheiden ans Fensterchen; der alte Hirte tat ihm sogleich auf und bot gern und willig dem Gast das wenige dar, was sein Haus vermochte.

Die alte Frau trug Brot auf, Milch und Käse; das Zwerglein schlürfte ein paar Tropfen Milch und aß Brosamen von Brot und Käse. „Ich bin's eben nicht gewohnt", sprach es, „so derbe Kost zu speisen, aber ich danke euch von Herzen, und es soll euch gelohnt werden; nun ich geruht habe, will ich meinen Fuß weiter setzen."

„Ei, bewahre!" rief die Frau. „In der Nacht in das Wetter hinaus, nehmt doch mit einem Bettlein vorlieb!" Aber das Zwerglein schüttelte den Kopf und lächelte: „Droben auf der Fluh habe ich allerhand zu schaffen und darf nicht länger ausbleiben, morgen sollt ihr mein schon gedenken." Damit nahm's Abschied, und die Alten legten sich zur Ruhe.

Der anbrechende Tag aber weckte sie mit Unwetter und Sturm, Blitze fuhren am roten Himmel, und

Ströme Wassers ergossen sich. Da riß oben am Joch der Fluh ein gewaltiger Fels los und rollte zum Dorf herunter mitsamt Bäumen, Steinen und Erde. Menschen und Vieh, alles was Atem hatte im Dorf, wurde begraben; schon war die Woge gedrungen bis an die Hütte der beiden Alten, zitternd und bebend traten sie vor ihre Tür hinaus.

Da sahen sie mitten im Strom ein großes Felsenstück nahen, oben drauf hüpfte lustig das Zwerglein, als wenn es reiten würde, ruderte mit einem mächtigen Fichtenstamm, und der Fels staute das Wasser und wehrte es von der Hütte ab, so daß sie unverletzt stand und die Hausleute außer Gefahr blieben. Aber das Zwerglein schwoll immer größer und höher, wurde zu einem ungeheuren Riesen und zerfloß in Luft, während jene auf gebogenen Knien beteten und Gott für ihre Errettung dankten.

***

Sehr deutlich wird in dieser am Schluß christlich verfälschten Sage dargestellt, wie gefährlich es sein kann, einen Angehörigen des Kleinen Volkes schlecht zu behandeln, und wie gut es andererseits ist, ihm achtungsvoll und freundlich gegenüberzutreten.

Denn der zunächst kläglich und hilflos erscheinende Zwerg kann sich dank seiner Fähigkeit zur Metamorphose sehr schnell in einen mächtigen und wild tobenden Riesen verwandeln.

Die Füße der Zwerge
(Schweiz)

Vor alten Zeiten wohnten die Menschen im Tal – und rings um sie in Klüften und Höhen die Zwerge. Diese waren freundlich und gut mit den Leuten, denen sie manche schwere Arbeit nachts verrichteten; wenn nun das Landvolk frühmorgens mit Wagen und Geräten herbeizog und erstaunte, daß alles schon getan war, steckten die Zwerge im Gesträuch und lachten hell auf. Oftmals zürnten die Bauern, wenn sie ihr noch nicht ganz zeitiges (reifes) Getreide auf dem Acker niedergeschnitten fanden, aber als bald Hagel und Gewitter hereinbrachen und sie wohl sahen, daß vielleicht kein Hälmchen dem Verderben entronnen sein würde, da dankten sie innig dem vorausschauenden Zwergenvolk.
Endlich aber verscherzten die Menschen durch ihren Frevel die Huld und Gunst der Zwerge; sie entflohen, und seitdem hat sie kein Auge wieder erblickt. Die Ursache aber war diese:
Ein Hirte hatte oben am Berg einen trefflichen Kirschbaum stehen. Als die Früchte eines Sommers reiften, begab es sich, daß dreimal hintereinander nachts der Baum geleert wurde und alles Obst auf die Bänke und Hürden getragen war, wo der Hirte sonst die Kirschen aufzubewahren pflegte. Die Leute im Dorf sprachen: „Das tut niemand anders als die redlichen

Zwerglein; die kommen bei Nacht in langen Mänteln mit bedeckten Füßen daher getrippelt, leise wie die Vögel, und schaffen den Menschen emsig ihr Tagwerk. Schon viele Male hat man sie heimlich belauscht; allein man stört sie nicht, sondern läßt sie kommen und gehen."

Durch diese Reden wurde der Hirte neugierig und hätte gerne gewußt, warum die Zwerge so sorgfältig ihre Füße verbargen, und ob diese anders gestaltet wären als Menschenfüße. Da nun im nächsten Jahr wieder der Sommer und die Zeit kam, daß die Zwerge heimlich die Kirschen abbrachen und in den Speicher trugen, nahm der Hirte einen Sack voll Asche und streute diese rings um den Baum herum aus. Am anderen Morgen mit Tagesanbruch eilte er zu der Stelle hin; der Baum war richtig leergepflückt, und er sah unten in der Asche die Spuren von vielen Gänsefüßen eingedrückt. Da lachte der Hirte und spottete, daß der Zwerge Geheimnis verraten war. Bald aber zerbrachen und verwüsteten diese ihre Häuser und flohen tiefer in die Berge; grollen seither dem Menschengeschlecht und versagen ihm ihre Hilfe. Und jener Hirte, der sie verraten hatte, wurde siech und blödsinnig fortan bis an sein Lebensende.

***

Wenn das Kleine Volk getäuscht und verspottet wird, will es mit den Menschen nichts mehr zu tun haben. Die Gänsefüße der Sídhe weisen auf ihren andersweltlichen Cha-

rakter hin; die Wesen aus Annwn nehmen gelegentlich ganz oder teilweise Tiergestalt an.

Die Bergmanndli schützen Herden und Fische
(Schweiz)

Die Bergzwerge schätzen und lieben die Gemsen; sie wollen nicht, daß die Jäger sie töten, und manchem Alpenjäger ist es deshalb schon gar schlecht ergangen. Guten Jägern, denen sie wohlwollten, haben sie wohl auch das eine oder andere Stück zugetrieben; der durfte aber dann bei Leib und Leben nicht mehr schießen, als mit den Bergmanndli vereinbart war, sonst schmissen sie ihn die Felsen hinunter und bliesen ihm das Lebenslicht aus.
Da war einmal ein Gemsjäger, der verstieg sich hoch in den Felsen; auf einmal stand ein eisgraues Bergmanndli vor ihm und sprach ihn zornig an: „Was verfolgst du meine Herde?" Der Jäger war ganz erschrocken und sprach: „Das hab' ich doch nicht gewußt, daß die Gemsen dein sind." Da sprach der Berggeist: „Du sollst jede Woche vor deiner Hütte ein Grattier finden – aber hüte dich, mir ein anderes wegzuschießen!" So geschah es, der Jäger fand alle Wochen den frischen Braten. Der machte ihm aber gar keine Freude; er konnte die Jagdlust nicht bezwingen, stieg wieder auf den Berg, ward auch bald eines Gemsenleitbocks ansichtig. Auf den legte

er rasch an, zielte und schoß – aber wie er losdrückte, hob sich hinter ihm der Berggeist aus dem Boden und zog ihm die Beine unterm Leib weg, so daß er niederstürzte und in den Abgrund hinunterschmetterte.

In Malters saß ein Untervogt, der wollte auch gerne einmal ein Herdmanndli sehen. Der stieg eines Tages hinauf zum Pilatus, folgte dem Rümligbach und wollte gerne Forellen fangen; da sprang ihm jählings ein Herdmanndli hinterwärts auf den Rücken und drückte ihn mit solcher Gewalt mit dem Gesicht in den Bach nieder, daß er schier vermeinte, er müsse ersaufen. Dabei sagte das Herdmanndli zürnend: „Ich will dich wohl lehren, meine Tierlein zu fangen und zu jagen!" – Als der Untervogt nach Hause kam, war er halb tot; war auch auf der einen Seite erlahmt und kam nimmermehr auf den Berg, zu jagen oder zu fischen.

In Obwalden war ein alter Landamtmann; der hat selbst erzählt, wie er einmal zum Pilatus hinaufgestiegen war auf die Gemsjagd, da begegnete ihm ein Zwergmanndli und verlangte, er solle flugs umkehren. Nun ist der Landamtmann ein starker, stattlicher Kerl gewesen; er verspottete den Zwerg und sagte: „He, du wirst wohl große Macht haben, mir etwas zu verwehren!" Kaum hatte er das gesagt, sprang ihn der Zwerg an, drückte ihn an einen Felsen, schwer wie ein Pferd, daß ihm schier die Seele ausfuhr und ihm die Sinne vergingen. Er lag eine halbe Stunde für tot da, bis die Seinen ihn fanden, ihm wieder auf die Beine halfen und ihn heimführten.

***

Um den Gebirgsstock des Pilatus im Kanton Unterwalden ranken sich zahlreiche Sagen, insbesondere über das Kleine Volk, aber auch über andere geheimnisvolle Wesen, was darauf hindeutet, daß das Bergmassiv in keltischer Zeit als Sídhesitz galt und damit wahrscheinlich auch als ein Tor nach Annwn angesehen wurde.

Die Zwerge der Kammerlöcher
(Thüringen)

Nicht weit von Ilmenau liegt das Dorf Angelrode, und in dessen Nähe ist eine vielfach zerklüftete Bergwand mit mancherlei Schluchten und Höhlen, Felsenkammern gleich, welche man die Kammerlöcher nennt. In diesen Kammerlöchern hausten einst Zwerge in großer Anzahl. Sie wühlten von der Wache – so heißt der Teil des Berges oberhalb des Dorfes Angelrode, weil im Dreißigjährigen Krieg eine schwedische Lanzenwache dort gestanden – bis zum Kummel, dem vorspringenden Bergstock, an welchem das Angelroder Wirtshaus mit seinem vortrefflichen Felsenkeller gelegen, einen Stollen und gelangten durch diesen in den Wirtskeller, dem sie an Wein und Lebensmitteln merklichen Abbruch taten.

Diese Zwerge hausten lustig im Schoß der tiefen Felsenkammern und taten sich gütlich an des Wirtes Wein und Bier und sonstigen Vorräten. Zudem übten sie noch manchen Schabernack und manche Neckerei gegen die Bewohner der umliegenden Dörfer. Der Wirt wußte lange nicht, wer seine Diebe seien, verdächtigte sein Gesinde und seine Hausgenossen, kränkte diese und hatte viel Verdruß. Endlich kam er auf den Einfall, Asche in den Keller zu streuen, um vielleicht an den Fußstapfen die unsichtbaren Beizapfer zu erkennen. Und als er eines Abends dies getan und des anderen Morgens nachsah, fand er zahllose kleine Spuren von Gänsefüßen ähnlichen Füßchen, die aus einer Felsspalte im tiefsten Hintergrund des Kellers gekommen waren und sich auch wieder in diese verloren.

Der Wirt holte sich Rat bei einem weisen Mann, welcher lautete, man solle, wenn man die Nähe der stets unsichtbaren Zwerge vermute, mit Taxuszweigen nach ihnen schlagen; jeder Zwerg, der getroffen werde, würde dann augenblicklich sichtbar. Auch sei den Zwergen die Form des Kreuzes verhaßt, und wenn man am Goldenen Sonntag Eibenbüsche kreuzweise über ihre Wege lege, so beschritten sie letztere nimmermehr wieder. Der Wirt befolgte den Rat, teilte ihn auch anderen mit, und am nächsten Trinitatissonntag stieg das halbe Dorf Angelrode hinauf in die Kammerlöcher, brach dort Eibenzweige ab

und steckte sie kreuzweise an die Ställe, in denen die Zwerge das Vieh behext, und in die Keller, aus denen die Zwerge allerlei geholt. (...)
Das neckische Zwergenvölkchen aber wanderte nun aus. In einer Nacht hörte man vom Kirchenholz heran durch das Dorf und die jenseitigen unfruchtbaren Felsanhöhen hinauf nach Rippersrode zu ein anhaltendes Trippeln und Trappeln, als ziehe ein Heer von vielen tausend kleinen Leutchen vorüber, und ward ein leises Weinen und Schluchzen dabei vernommen. Nimmermehr kamen sie wieder, und von der Zeit an wurde es Brauch zu Angelrode, daß alljährlich am Trinitatissonntag alt und jung hinauf auf den Weißenberg und in die Kammerlöcher ging, dort Taxuszweige brach und sie kreuzweise in die Küchen, Keller, Stuben und Ställe steckte. Und obschon der Aberglaube, daß damit den Zwergen und Hexereien gewehrt werde, verschwunden ist, so ist doch der Brauch geblieben, und insbesondere versäumt es des Dorfes fröhliche Jugend nicht, am genannten Tage Eibenzweige von des Berges wundersamen Felsenkammern herabzuholen.
Auch geht die Sage, daß zuzeiten in dem schaurig-schönen Felslabyrinth der Kammerlöcher oder Felsenkammern über Angelrode sich ein schneeweißer Hirsch mit goldenem Geweih blicken lasse; jedoch nur von Sonntagskindern und auch nur von unbefleckten. Einem solchen ist Macht gegeben, den

Hirsch zu fangen und ihn in die Tiefe der größten Felsschlucht zu führen. Dort schlägt der Hirsch mit dem Goldgeweih an das Gestein; das Geweih fällt ab, dem Glücklichen zum Lohne, und zugleich öffnet sich ein Gang in das Berginnere, darinnen sich nun eine Kammer nach der anderen zeigt, alle voll Gold und Silber, Perlen und Edelsteinen. Da mag der Erwählte dann getrost zufassen und davontragen, so viel er kann. Dem Hirsch aber wächst in Jahresfrist ein neues Geweih, aber nicht alle Jahre findet sich ein auserwähltes Glücks- und Sonntagskind, das reinen Herzens und makellosen Wandels – ja, kaum alle hundert Jahre einmal.

***

In dieser christlich leicht übertünchten Sage vom Kleinen Volk sind Erinnerungen an keltischen Baumzauber bewahrt; die Eibe, die eng mit der Anderswelt verbunden ist, steht im Mittelpunkt. – Die Kammerlöcher scheinen einst ein keltisches Höhlenheiligtum, vermutlich der Dreifachen Göttin in ihrem schwarzen, andersweltlichen Aspekt, gewesen zu sein; im Zusammenhang mit der Dreifachen Göttin kommt hier auch der Trinitatissonntag, der Tag des christlichen Dreifaltigkeitsfestes, ins Spiel. Im Brauch, daß die Dorfjugend noch in der Neuzeit Eibenzweige vom Berg herabholte, könnte sich ein uralter Ritus erhalten haben. – Schließlich wird auch der Gott Cernunnos kenntlich; in seiner Gestalt als weißer Hirsch korrespondiert er mit der Dreifachen Göttin in ihrem schwarzen

Aspekt, und beide zusammen repräsentieren Schwarz und Weiß: Tod und Wiedergeburt.

Der Teufelsweg auf Falkenstein
(Hessen)

Auf der Höhe, vier Stunden von Frankfurt am Main, erhebt sich auf fast unzugänglichem Fels die Burgruine Falkenstein, die Wiege eines im Taunus und der Wetterau gar mächtigen Geschlechts. (...)
Ein Ritter von Sayn minnte die Tochter eines Falkensteiners, aber der Vater war ihm abhold und wies des Ritters Werbung mit Hohnworten zurück: „Meine Tochter will ich Euch gern zum Eheweib geben, ich verlange nur einen geringen Gegendienst. Schafft diese Felszacken in einer Nacht zum gang- und reitbaren Weg um – das ist meine Bedingung und mein Bescheid!"
Damit wurde Unmögliches begehrt, und hätten abertausend Hände sich zugleich zerarbeitet an dem harten Felsgestein, es wäre nicht möglich gewesen, das Werk in solch kurzer Frist zu vollenden. Traurig zog der Ritter von Sayn, Kuno geheißen, von dannen, zog ins Heilige Land, focht tapfer in vielen Sarazenenschlachten, suchte den Tod, fand ihn nicht, blieb stets eingedenk seiner Minne und kehrte endlich in die Heimat zurück.

Mit schmerzlichen Gedanken irrte er um den felsumtürmten Falkenstein, hätte gerne Kunde gehabt von seiner Geliebten – und starrte trübe die Felsen an, die mit ihrer Härte sein Geschick versinnbildlichten. „Hier hilft keine menschliche Macht, nur Zauber könnte diese Felsen zum Weg bahnen!" seufzte der Ritter. Da war es ihm, als hörte er seinen Namen rufen – und wie er umschaut, hebt sich ein Erdmännchen in brauner Kutte, eisgrau und mit verschrumpeltem Gesicht, aus einer Felskluft herauf und redet ihn mit sonderbarer Stimme an: „Kuno von Sayn, was läßt du nach Silber wühlen drunten auf deinem Gebiet und störst unsere Ruhe? Willst du diese Felsen zum Weg gebahnt sehen? Willst du die Erbtochter vom Falkenstein, die droben einsam um dich trauert und sich nach dir sehnt, dein nennen? Dann gelobe nur eins und schwöre, es zu halten!"
Dem Ritter wurde es seltsam zumute bei dieser Erscheinung und Rede; er dachte, es möchte etwa eine Versuchung des bösen Feindes sein, und was er geloben sollte, könnte ihn womöglich die Seele kosten. Daher fragte er nicht ohne Zagen: „Was ist dein Begehr?" Da sprach das Erdmännchen: „Schwöre mir auf dein ritterliches Wort, daß du morgen des Tages alle deine Gruben, Schächte und Stollen zuschütten lassen wirst, die wir ohnedies, so wir nur wollten, ersäufen könnten – und wenn du getan hast, was ich verlange, dann kannst du am lichten Tage hinaufrei-

ten zur Burg und den Falkensteiner an seine Zusage gemahnen." Da war der Ritter hocherfreut; er sagte gern zu, was der Erdzwerg gefordert hatte, und begab sich zur Ruhe.

Als es Nacht geworden, regte es sich wunderbar um die Burg; es krachte, es polterte, es hackte, es schaufelte – tausend kleine Berggeister, obschon sie zwergenhaft gestaltet waren, mit Riesenkraft begabt, förderten das verheißene Werk, und als der Hahn den Morgen ankrähte, war es vollbracht, und als die Sonne hinterm fernen Spessart heraufstieg, da ritt Kuno von Sayn den neuen Weg und ließ sein Horn erschallen, daß sich der Wächter auf dem Turm des Falkenstein nicht wenig verwunderte, und noch mehr der Falkensteiner, doch freute er sich auch ob des so lange ersehnten Weges – und hat sein Wort gehalten und die Liebenden vereinigt. Der Ritter Kuno von Sayn hielt sein Wort, das er dem Zwerg gegeben hatte, gleichermaßen; er ließ die Schächte, darin er nach Silber gegraben hatte, zuwerfen und eingehen.

Der Felsenpfad, den die Erdgeister bahnten, heißt heute noch der Teufelsweg; er zieht unten an der westlichen Seite des Altking, wo die Berggeister hausen, an der Schärdter Höhle vorüber zur Bergeshöhe.

***

Die westliche Bergflanke ist nach keltischem Glauben die andersweltliche Seite der Erhebung und damit den Sídhe zugeordnet. Die Schärdter Höhle war in vorchristlicher

Zeit wohl ein Höhlenheiligtum – und der Felsenpfad, den das Kleine Volk in der Sage bahnt, der zugehörige Prozessionsweg. Im Mittelalter wurde auf dem Berg die Burg Falkenstein erbaut, und später verknüpfte die Volksüberlieferung die uralten heidnischen Erinnerungen auf romantische Weise mit ihr.

Die Wichtlein im Werratal
(Hessen)

Im Werratal, in der Gegend, wo die Hörsel, die unterm Hörseelenberg (Hörselberg) still vorüberrinnt und nach Eisenach hinfließt, in die Werra ausmündet, gab es ehedem viele Wichtelmänner; ja, bis Gerstungen und über Berka hinauf waren sie verbreitet. Daselbst wohnten sie unterm Pferdestall im Schloß, und es hielt kein Pferd in diesem Stall aus, sondern sie gebärdeten sich wie rasend, zerrissen die Ketten, zerschlugen und zerbissen alles, weil die Tiere eher als die Menschen Geister sehen, hören und wittern. So ging es auch einem Bauern zu Dankmarshausen über Berka, dem fiel ein Pferd nach dem anderen, und er war nahe daran, gänzlich zu verarmen. Eines Abends spät ging der Bauer über seinen Hausflur und hörte unter einer umgestülpten Wanne ein Flüstern. Er lugte hin und sah bei einem matten Schimmer vier Wichtlein unter der Wanne, die kneteten Brot aus dem Teig, den sie aus einem Backtrog genommen hatten, der auf dem Flur stand. „Knete zu, knete zu!" sprach eines der Wichtlein zum anderen, und als sie den Bauern gewahrten, der sie nicht stören wollte, sprach ein Wichtelmann: „Weißt du, warum deine Pferde sterben? Weil wir unter dem Stall wohnen. Tue sie in einen anderen Stall, und es soll dir keines mehr fallen." Diesen Rat hörte der Bauer gern, befolgte ihn, und es fiel ihm kein Pferd mehr. Die Wichtlein machten ihn dann durch ihre tätige Hilfe reich, und das war der Lohn dafür, daß er sie nicht gescholten hatte, als sie sich Brot von seinem Teig kneteten.

Unterhalb Spichra zieht sich am rechten Werraufer der Spatenberg hin. An dem öffnet sich ein Erdloch, das heißt noch heutzutage die Wichtelkutte, darinnen wohnten die Wichtlein in großer Anzahl und lange Zeit. Aber an einem schönen Morgen kamen zum Fährmann Beck zu Spichra zwei kleine Männlein, die verlangten, daß er sie überfahre, und gingen mit ihm zum Fluß und zur Fähre. Da sie nun auf letzterer waren und der Fährmann vom Strand abstoßen wollte, baten sie ihn, noch einige Augenblicke zu warten; es komme noch jemand. Das tat der Mann; er wartete, es kam aber niemand, gleichwohl senkte sich die Fähre tiefer und tiefer in das Wasser, wurde schwerer und schwerer, und als der Ferge endlich abstieß, deuchte ihm, er habe noch nie so schwere Last übergeschifft. Am rechten Ufer aber wurde die Fähre zusehends leichter. „Nun sage, Fährmann, welchen Lohn begehrst du für unsere Überfahrt?" fragte das eine der beiden Männlein. „Willst du nach der Zahl unserer Köpfe Geld oder einen Scheffel Salz?" Weil nun ein Scheffel Salz dem Fergen ein ungleich reicherer Lohn dünkte als das Fährgeld für zwei Personen, so verlangte er diesen. „Nach Köpfen wärst du besser gefahren, Mann! Sieh mir einmal über die rechte Schulter!" sprach das zweite Männlein, und als der Ferge das tat, sah er ein zahlloses kleines Volk, das aus dem Schiff gestiegen war und noch immer herauswimmelte. Währenddessen stiegen auch die beiden ersten aus, und alle verschwanden vor des Fährmanns Blick; ein vollgehäufter Scheffel reinsten Salzes aber stand auf der Fähre, und dieses Salz nahm im Scheffel nie ein Ende.

In den Bergklüften um Spichra finden sich auch kleine, runde, platte Steinchen; die sind gerändert, wie die nummi serrati (gesägte Münzen) der Alten, und heißen im Volksmund Wichtelpfennige. Die Wichtlein aber sind fortgezogen, niemand weiß wohin.

***

Die steinernen Wichtelpfennige geben ein Rätsel auf; vielleicht handelt es sich um vorzeitliche Schmucksteine. Ansonsten zeigt die Sage die typischen Verhaltensweisen des Kleinen Volkes auf; die Sídhe meinen es oft gut mit den Menschen, necken sie jedoch manchmal und können Mensch oder Tier gelegentlich auch gefährlich werden.

Der Abzug des Zwergenvolks über die Brücke
(Niedersachsen/Harz)

Die kleinen Höhlen in den Felsen, welche man auf der Südseite des Harzes, sonderlich in einigen Gegenden der Grafschaft Hohenstein findet, und die größtenteils so niedrig sind, daß erwachsene Menschen nur hineinkriechen können, teils aber auch einen geräumigen Aufenthaltsort für größere Gesellschaften darbieten, waren einst von Zwergen bewohnt und heißen nach ihnen noch jetzt Zwerglöcher.
Zwischen Walkenried und Neuhof in der Grafschaft Hohenstein hatten einst die Zwerge zwei Königreiche. Ein Bewohner jener Gegend merkte einmal, daß seine Feldfrüchte alle Nächte geraubt wurden, ohne daß er den Täter entdecken konnte. Endlich ging er auf den Rat einer weisen Frau bei einbrechender Nacht an seinem Erbsenfeld auf und ab und schlug mit einem dünnen Stab über dasselbe in die bloße Luft hinein. Es dauerte nicht lange, so standen einige Zwerge leibhaftig vor ihm. Er hatte ihnen die unsichtbar machenden Nebelkappen abgeschlagen. Zitternd fielen die Zwerge vor ihm nieder und bekannten, daß ihr Volk es sei, welches die Felder der Landesbewohner beraubte, wozu aber die äußerste Not sie gezwungen hätte.
Die Nachricht von den eingefangenen Zwergen brachte die ganze Gegend in Bewegung. Das Zwerg-

volk sandte endlich Abgeordnete und bot Lösegeld für sich und die gefangenen Brüder und wollte dann auf immer das Land verlassen. Doch die Art des Abzuges erregte neuen Streit. Die Landeseinwohner wollten die Zwerge nicht mit ihren gesammelten und versteckten Schätzen abziehen lassen, und das Zwergvolk wollte bei seinem Abzug nicht gesehen sein. Endlich kam man dahin überein, daß die Zwerge über eine schmale Brücke bei Neuhof ziehen, und daß jeder von ihnen in ein dorthin gestelltes Gefäß einen bestimmten Teil seines Vermögens als Abzugszoll werfen sollte, ohne daß einer der Landesbewohner zugegen wäre. Dies geschah. Doch einige Neugierige hatten sich unter der Brücke versteckt, um den Zug der Zwerge wenigstens zu hören. Und so hörten sie denn viele Stunden lang das Getrappel der kleinen Menschen; es war ihnen, als wenn eine sehr große Herde Schafe über die Brücke ging.

Seit dieser letzten großen Auswanderung des Zwergvolkes lassen sich nur noch selten einzelne Zwerge sehen. Doch zu den Zeiten der Elterväter stahlen zuweilen einige in den Berghöhlen zurückgebliebene Zwerge aus den Häusern der Landesbewohner kleine, kaum geborene Kinder, die sie mit Wechselbälgen vertauschten.

***

Im Südharz, der eigentlich schon fast außerhalb des einstigen keltischen Siedlungsgebietes liegt, gab es wohl die eine oder andere keltische Enklave, wie die vorliegende Sage beweist. Und in der Episode vom Abzug des Kleinen Volkes über die schmale, in die Anderswelt führende Brücke hat sich – jenseits der spirituellen Aussage – vielleicht auch die Erinnerung an eine Vertreibung von Kelten durch die dominierenden Germanen erhalten.

Die Hinzlein zu Aachen
(Nordrhein-Westfalen)

Allerorts in Deutschland und den Nachbarländern gehen Sagen von Zwergen und Neckebolden; heißen da so und dort anders, Hinzelmännlein, Bergmanndli, Hütchen, Heinzchen, Wichtlein, Querchlein, Quarkse, stilles Volk, Unterirdische. Sind ein wunderlich spukhaft Geistervolk, den Menschen gut und feindlich, je nachdem es kommt; hilfreich und zuwider, nütze und schädlich, doch am meisten den Guten mild und den Bösen feindlich gesinnt (...).
Solche Kobolde hatte es auch zu Aachen; hießen dort Hinze, wie man auch hie und da in Deutschland die Katzen nennt. Hießen auch die Hexenlieblinge, wohnten im Felsgeklüft unter der Emmaburg. Da waren viele Gänge und unterirdische Keller; daraus zog in gewissen Nächten der Hinzenschwarm hervor mit spukhaftem Lärm und Gepolter, klapperte an die Haustüren und trieb viel Tückerei und bösen Mutwillen. Kein Geisterbannspruch, kein Krei-

dekreuz an Türen und Fensterläden half gegen den Nachtspuk der Hinzemännlein; erst als man eine Kapelle dicht an die Felsen der Emmaburg baute und deren Glocken zum ersten Male erklangen, da war alles vorbei – denn Glockengeläute können die Unterirdischen nicht hören und vertragen.

Aber die guten Aachener ahnten nicht, daß sie sich mit dem Kapellenbau erst recht eine Rute auf den Hals gebunden hatten. Denn die Hinzlein zogen zwar aus den Felsen fort – aber wo zogen sie hin? In die Stadt Aachen zogen sie; in einen alten Mauerturm, von dem ein unterirdischer Gang nach dem Felsen unter der Emmaburg führte, und nun ging der Spuk erst recht an. Der alte Turm lag unweit der Kölner Straße; da klopfte es zur Nacht an die Häuser, da knisterte es auf dem Herd, da rasselte und klapperte es im Küchengeschirr – und das ging stundenlang so fort, daß kein Mensch ein Auge zutun konnte.

Die Bürger wußten sich keinen Rat gegen die schlimmen Poltergeister. Da kam von auswärts her ein weitgereister Geselle gen Aachen; der vernahm von dem Spuk und erzählte, solche Zwergenvölker gebe es in Thüringen und Sachsen vollauf: bei Jena, bei Königsee, bei Plauen, in der Grafschaft Hohnstein am Harzwald, bei Zittau in Sachsen, im Zobten in Schlesien, im Kuttenberg in Böhmen und an vielen anderen Orten. Auch im ganzen Vogtland, in der

Schweiz am Pilatus, im Erzgebirge, im Untersberg bei Salzburg sowie am Rhein und so weiter.

Und da sei es am besten, man stelle vor jedes Haus ein Geschirr, ehern oder irden; dessen wären die Hinzlein sehr froh, benutzten es zur Nacht und stellten es unbeschädigt wieder an seinen Ort, ließen dafür die Leute in Ruhe. Der Rat des guten Gesellen wurde ausprobiert und war probat; man folgte ihm und hatte Ruhe.

Es kamen aber nachmals zwei fremde Kriegsgesellen nach Aachen, die hörten in ihrem Quartier von der Sache und der Sage. Sie hatten des Spottens kein Ende, daß die Aachener Töpfe und Kessel für die Zwergmännlein hinstellten, deren es doch auf der Welt keine gebe, und vermaßen sich, nachts Wache zu stehen; da sollten die Hinzen statt der blanken Kessel blanke Degen finden. Daraufhin bezechten sich die Kriegsgurgeln, setzten sich vor die Tür, sangen und waren sehr lustig, schrien immer einer den anderen an: „He da! Hinz! Jetzt kommt der Hinz!" Auch trieben sie einander zur Kurzweil auf der Straße um, jagten sich, traten sich, rannten durchs Hinzengäßlein nach hinten bis zu dem alten Mauerturm – da hörte man sie beide noch einmal brüllen, dann war alles still.

Am anderen Morgen lagen die Prahlhänse tot vor dem Hinzenturm, hatte einer den anderen durch und durch gestochen. Und noch lange nachher hat der Hinzenspuk gedauert, bis ein Chorherrenstift erbaut wurde in der Nähe der Spukgasse; da hat der vielmalige mächtige Glockenschall die Hinzlein auf immer vertrieben.

***

Abgesehen von der sehr deutlichen Aussage, daß das Kleine Volk auf Kriegsfuß mit der christlichen Religion steht, ist diese Sage noch aus einem anderen Grund hochinteressant. Der wandernde Geselle gibt nämlich einen geographischen Überblick, was das Auftreten des Kleinen Volkes in Mitteleuropa angeht – und dabei wird u. a. mit Thüringen, Sachsen, dem Harz und dem (mittleren) Rheinland die nördliche Grenze der einst von Kelten besiedelten Regionen Deutschlands historisch richtig definiert.

„Die Untersberger" und andere Andersweltsagen

◇◇◇◇◇◇◇◇◇◇◇◇◇◇◇◇◇◇◇◇◇◇◇◇◇◇◇

Die Wettenburg
(Bayern)

Ganz nahe bei Kreuzwertheim erhebt sich ein steiler Berg, die Wettenburg genannt, der ist auf drei Seiten vom Main umflossen. Den Namen des Berges leitet die örtliche Sage von einer Burg ab, die ehemals dessen Scheitel krönte. (...)
Diese Stätte der versunkenen Wettenburg (...) bezeichnete einst neben wenigen Trümmern noch eine tiefgehende, schachtähnliche Kluft. In diese Kluft ließ sich einmal ein Hirte von einem Gefährten abseilen. Er kam in einen Saal, worin ein schwarzer Hund lag und etliche Männer und Frauen in alter Tracht regungslos, wie Leichensteine, beisammensaßen. Da faßte ihn ein Grausen, und schnell ließ er sich wieder hinaufziehen.
Einen Schäfer, welcher ein andermal hinuntergestiegen war, führte eine Frau, die Herrlichkeit des Schlosses ihm zeigend, durch viele Gemächer; zuletzt in eines, worin lauter Totenköpfe sich befanden. Als er aus dem Berg kam, erfuhr er, daß seit seinem Hinuntersteigen nicht, wie er geglaubt hatte, eini-

ge Stunden, sondern sieben ganze Jahre verflossen waren.

Heutzutage ist auch der Schacht nicht mehr zu sehen; wohl aber hört man noch Glockengeläut aus der Tiefe des Berges, und goldene Sonntagskinder können alle sieben Jahre am Tag des Untergangs der Burg dieselbe auf dem Grund des Mains erblicken; ebenso sehen sie auf dem Berg, wo das Schloß gestanden hat, eine Höhle und daneben einen Felsen, in den ein großer Ring eingedrückt ist. Auf diesen Ring legte einst ein Küfer sein Bandmesser und schlief nachher ganz in der Nähe ein. Beim Erwachen sah er weder Felsen noch Messer mehr; aber nach sieben Jahren fand er beide wieder, als er an dem gleichen Tag dorthin kam. Ein Schäfer, der sich vor dem Regen in die Höhle geflüchtet hatte, verfiel darin in Schlaf; als er erwachte, waren unterdessen siebenmal sieben Jahre verflossen, und er traf zu Hause alles ganz verändert an.

***

Sehr häufig finden sich ganz in der Nähe mittelalterlicher Burgen, Ruinen oder Burgställe heidnische Sakralplätze – und dies scheint auch im Fall der Wettenburg einst so gewesen zu sein. Es muß sich um eine Höhle gehandelt haben, die nach keltischem Glauben ein Tor zur Anderswelt darstellte; außerdem um einen heiligen Felsen, in dessen Ring ein Lebenskreislaufsymbol kenntlich wird. Typisch keltisch ist ferner die Aussage, wonach die Wettenburg am

Jahrtag ihres Untergangs im Main erblickt werden könne. Das Wasser steht für die Anderswelt; dorthin ist die Burg, ähnlich wie in Britannien König Arthurs Schwert, entschwunden – und manchmal können auch Menschen, wie die Sage weiter erzählt, auf dem Weg durch die Höhle oder aufgrund eines Kontakts mit dem heiligen Felsen nach Annwn gelangen.

Die Untersberger
(Salzburg)

Wer von Reichenhall nach Berchtesgaden geht, hat stets den weitberufenen Untersberg zur Linken. Dieser, von vielen im Volk auch der Wunderberg genannt, steht eine Meile von Salzburg an dem Grundlosen Moos, wo einst vor alten Zeiten die große Hauptstadt Helfenburg gestanden haben soll. (...)
Zahllose Sagen gehen vom Untersberg im Volksmund. Im Inneren sei er ganz ausgehöhlt und mit Palästen, Kirchen, Klöstern, Gärten, Gold- und Silberquellen versehen. Kleine Männlein bewahrten die Schätze und wanderten ehedem oft um Mitternacht in die Stadt Salzburg, um in der Domkirche dort Gottesdienst zu halten, aber auch nach anderen Kirchen der Umgegend.
Sieben Holzknechten und drei Reichenhallern kam einst auf schmalem Fußweg ein ganzer Zug schwarzer Männchen entgegen; vierhundert an der Zahl,

Paar um Paar, ganz gleich gekleidet, zwei Trommler und zwei Pfeifer voran. Auch hörte man des Nachts in diesem Wunderberg Kriegsgetümmel und Schlachtengetöse, besonders bei bevorstehendem Krieg. Zur mitternächtlichen Geisterstunde kommen die Riesen hervor, steigen zum Gipfel und schauen gen Osten unverwandt; wenn es dann Zwölf schlägt, erlischt ihr vorausgehendes Flammenlicht, und die Riesen verschwinden. Es treten dann die Zwerge aus dem zaubervollen Bergesinneren und brechen das Erz und hämmern am Gestein, oder sie wandeln, mit netzförmigen Häubchen bedeckt, mitten unter dem weidenden Vieh umher.

Vieles auch weiß die Sage der Umwohner von den wilden Frauen des Untersberges zu berichten; wilde Frauen in weißen Gewändern, mit fliegenden Haaren, an den Firsten des Berges. Sie singen schöne Lieder.

***

Der Untersberg liegt im Salzkammergut, das in keltischer Zeit mit seinen großen Salzbergwerken bei Hallstatt immense Bedeutung hatte. Der Untersberg selbst scheint in jener Zeit eine herausragende Sakralstätte mit starker Verbindung zur Anderswelt gewesen zu sein, weshalb sich um ihn auch so viele Sagen mit keltischen Motiven ranken. – Wenn das Kleine Volk um Mitternacht zu verschiedenen Kirchen der Gegend wandert, um dort Gottesdienst zu halten, so ist das ursprünglich keineswegs im christ-

lichen Sinn gemeint; vielmehr wird dadurch klargestellt, daß sich an diesen Kirchplätzen einst keltisch-heidnische Weihestätten befanden. Auch sind in den Untersberg-Sagen Ovatenmotive (Ankündigung von Kriegen) und Erinnerungen an den keltischen Bergbau enthalten. In den wilden Frauen schließlich werden Priesterdruidinnen und mit ihnen die Große Göttin kenntlich.

Riesen und wilde Frauen im Untersberg
(Salzburg)

Leute aus dem Dorf Feldkirchen unweit der Stadt Salzburg erzählten für wahrhaft: „Als wir noch junge Buben waren, haben wir mit eigenen Augen gesehen, daß einige alte Riesen aus dem Untersberg herausgingen, herunterkamen und sich auf die nächst dieses Berges stehende Grödiger Pfarrkirche lehnten, mit unterschiedlichen Personen sprachen, doch niemandem ein Leid zufügten, sondern ihren Weg wieder in Frieden gingen."

Die Grödiger Leute wurden von den Riesen oft ermahnt, sich durch erbauliches Leben gegen verdientes Unglück zu sichern. Dieselben Leute zeigten zu der nämlichen Zeit an, daß zu Grödig vielmals etliche Frauen von wilder Art aus dem Untersberg zu den Knaben und Mädchen gekommen sind, welche nahe des Loches innerhalb Glanegg das Vieh hüteten, und ihnen Brot und Käse zu essen gegeben haben. Auch zum Kornschneiden gingen solch wilde Frauen nach Grödig. Sie kamen sehr früh des Morgens herab, und abends, da die anderen Leute Feierabend machten, gingen sie, ohne die Abendmahlzeit mitzuessen, wieder in den Wunderberg hinein.

Eines Tages geschah es, daß ein Bauersmann bei Grödig auf dem Feld ackerte und sein kleines Söhnlein auf das Pferd gesetzt hatte. Da kamen die wilden Frauen aus dem Untersberg, hätten das Knäblein gern gehabt und wollten es mit Gewalt wegführen. Der Vater aber, dem die Geheimnisse und Begebenheiten dieses Berges bekannt waren, trat den Frauen ohne Furcht entgegen und nahm ihnen den Knaben mit den Worten ab: „Was untersteht ihr euch, so oft herauszugehen und mir jetzt sogar meinen Buben wegnehmen zu wollen? Was wollt ihr mit ihm machen?" Die wilden Frauen antworteten: „Er wird bei uns bessere Pflege haben, und es wird ihm bei uns besser gehen als zu Hause; der Knabe wäre uns sehr lieb, und es wird ihm kein Leid widerfahren!" Allein der Vater ließ seinen Sohn nicht aus den Händen, und die wilden Frauen gingen bitterlich weinend davon.

Abermals kamen die wilden Frauen aus dem Wunderberg nahe an die Kugelstatt oder Kugelmühle, welche bei diesem Berg schön auf einer Anhöhe liegt, und nahmen dort ein Knäblein mit sich fort, das Weidevieh hütete. Da haben über ein Jahr später Holzleute dasselbe Knäblein auf dem Untersberg auf einem Baumstock sitzen sehen, und es hatte ein schönes grünes Kleid an. Dies sagten sie den Eltern des Knaben, und am nächsten Tag suchten sie es mit Vater und Mutter an demselben Ort, aber der Knabe wurde nicht wieder gefunden.

Mehrmals hat es sich begeben, daß eine wilde Frau aus dem Wunderberg gegen das Dorf Anif ging, welches eine gute halbe Stunde vom Berg gelegen ist. Dort machte sie sich in die Erde Löcher und eine Lagerstatt. Sie trug ungemein langes und schönes Haar, das ihr beinahe bis zu den Fußsohlen hinabreichte.

Ein Bauer aus Anif sah diese Frau öfter hin und her gehen, und ob ihrer Schönheit und der Schönheit ihrer langen Haare wurde ihm das Herz für sie entzündet. Er konnte dem Drang, sich ihr zu nahen, nicht widerstehen. Er ging zu ihr, betrachtete sie mit innigem Wohlgefallen und legte sich endlich in seiner Einfalt ohne Scheu zu ihr auf ihr Lager, doch in allen Ehren. Beide sahen einander an, und keines sprach ein Wort; noch weniger trieben sie Ungebührliches. Als der Bauer zur zweiten Nacht wiederkam, fragte ihn die wilde Frau, ob er nicht selbst ein Weib habe. Nun hatte er eine angetraute Ehefrau, doch verleugnete er sie und sprach: „Nein!" Des Bauern Eheweib aber machte sich allerhand Gedanken, wo denn ihr Mann des Abends hingehe und die Nächte zubringe. Daher spähte sie nach ihm und ging aus, ihn zu suchen, und fand ihn auf dem Feld, bei der wilden Frau schlafend. Da rief sie der wilden Frau zu: „O behüte Gott deine schönen Haare! Was tut ihr denn da miteinander?" Mit diesen Worten wich das Bauernweib von ihnen, und ihr Mann erschrak sehr darüber. Aber die wilde Frau hielt ihm seine treulose Verleugnung vor und sprach: „Hätte deine Frau bösen Haß und Ärger gegen mich zu erkennen gegeben, so würdest du jetzt unglücklich sein und nicht mehr von dieser Stelle kommen. Aber weil deine Frau nicht böse war, so liebe sie fortan und hause mit ihr getreulich und unterstehe dich nicht mehr, hierher zu kommen. (...) Nimm diesen Schuh voll Geld mit dir und schau dich nicht mehr um!" Damit schwand die wilde Frau hinweg, und der Bauer ging mit seinem Schuh voll Geld erschrocken heim und tat, wie ihm geboten war.

Ein Müller aus Salzburg, Leonhard Burger mit Namen, ging einst auf den Untersberg. Da traf er eine wilde Frau und ein Bergmännlein an und sah letzteres mit einem Hammer in das Gestein hauen; es floß in eine große untergestellte Kanne von einem halben Maß eitel gediegenes Gold. Die wilde Frau schrie den Wanderer an, und scheu wich er zurück. Wäre er geblieben, so hätte er wohl etwas mehr bekommen; so aber gab ihm das Bergmännlein nur ein gutes Stück von einem glänzend schimmernden Stein, und daran hatte er sein Leben lang genug.

***

Die Riesen und wilden Frauen, die aus dem Untersberg (der Anderswelt) kommen und mit den Menschen auf verschiedene Weise in Kontakt treten, benehmen sich wie Druiden. Sie belehren die einfachen Leute und versuchen auch, sich ausgewählter Kinder anzunehmen, die sie offenbar zu sich emporheben wollen; so wie dies in keltischer Zeit in den Druidenschulen geschah. – Ein anderes, typisch keltisches Erzählmotiv taucht in der „Liebesgeschichte" zwischen dem Bauern von Anif und der schönhaarigen wilden Frau auf. Der irdische Mann verliebt sich in eine Sídh und betrügt seine Ehefrau, wobei dank andersweltlicher Weisheit der Sídh jedoch keine bösen Folgen zu beklagen sind; ganz ähnlich verläuft eine solche Geschichte im irischen Cúchulainn-Mythos. – Das Bergmännchen am Schluß der Sage schließlich schenkt einem Menschen einen Schatz aus Annwn.

Der Fuhrmann und die Bergmännlein
(Salzburg)

Einstmals im Jahr 1694 wollte ein Fuhrmann mit einem Wagen, der mit Wein befrachtet war, von Tirol nach Hallein fahren und kam in der Nähe von St. Leonhard zu der Almbrücke nach Niederalm, einem Dorf nächst des Untersberges.
Dort ging ein Bergmännlein aus dem Wunderberg hervor und fragte den Fuhrmann: „Woher kommst du, und was fährst du?" Der Fuhrmann sagte: „Wein." Da sprach das Männlein: „Fahre mit mir! Ich gebe dir gute Münze dafür, und mehr, als du zu Hallein bekommen wirst." Der Fuhrmann weigerte

sich, weil der Wein bestellt sei. Darüber wurde das Bergmännlein zornig, sprang auf die Mähnen der Pferde und rief: „Fuhrmann, weil du nicht mitfahren willst, will ich dich so führen, daß du gar nicht wissen sollst, wo du bist, und sollst dich nicht mehr auskennen!"

Dem Fuhrmann wurde mächtig bange; er sah, daß er in der Gewalt des Unterirdischen war, und er gehorchte nun dem Bergmännlein, das mit eigener Hand den Zaum der Pferde ergriff und das Gespann immer näher zum Untersberg hinlenkte. Dem Fuhrmann schien es, als gehe es auf einer kunstgerecht gemachten Straße dahin, aber zugleich überkam ihn gar mächtig ein Schlaf, dessen er sich nicht erwehren konnte. Er nickte ein, erwachte wieder und sah, daß er einem Felsenschloß nahe war, dessen Mauern von rotem und weißem Marmor waren, und dessen Fenster wie Kristallspiegel glänzten.

Dieses Schloß war so gebaut, daß man durch mehrere Tore und über sieben Zugbrücken mußte. Da nun der Wagen im Schloß drinnen war, hieß der Kellermeister den Fuhrmann willkommen und sprach ihm Mut zu, und es war selbiger Kellermeister etwa so ein Männlein wie die in anderen Wunderbergen; der Bart hing ihm bis auf den Bauch, an der Seite hing ihm eine große Tasche, und in der Hand trug es einen großen Schlüsselbund. Nun sprangen auch andere seinesgleichen herbei; die spannten die Pferde aus, führten sie zum Futter und luden den Wein ab;

wieder andere führten den Fuhrmann in ein helles Gemach und setzten ihm zu essen und zu trinken vor.

Dann zeigten sie ihm das Innere des Schlosses, das gar überherrlich war, und er sah viel Wundersames an gegossenen Riesen von Erz und reiche Gewaffen, Gestühle, Bett- und Tafelwerk und einen fässervollen Keller so weit und tief, daß sein Ende nicht zu erkennen war, und er dachte bei sich: Na, die müssen das Zechen verstehen!

Und im Keller drin an einem runden Tisch zählte ein Bergmännlein ihm einhundertundachtzig Dutzend Dukaten hin und ermahnte ihn, wieder anderen Wein zu kaufen und guten Handel damit zu treiben. Und weil das eine Pferd des Fuhrmannes blind war, so nahm ein Männlein einen Stein, der schien bläulich, und strich damit dem Pferd übers Auge. Da wurde es sehend, und die Bergmännlein schenkten dem Fuhrmann den Stein, damit er auch anderen helfen sollte.

Gar mancherlei erfuhr er noch von heimlichen Dingen, die er alle bei sich behielt bis zu seinem Tod – und dann fand er sich unversehens mit seinem leeren Gespann wieder an dem Ort, wo ihn das Bergmännlein zuerst angesprochen hatte. (...)

***

Der Andersweltpalast aus edelstem Baumaterial ist typisch für die keltische Mythologie – in einem Punkt jedoch unterscheidet sich diese Sage von den meisten vergleich-

baren Geschichten aus Irland oder Britannien: Obwohl der Fuhrmann in Annwn ißt und trinkt, was ihn nach keltischem Glauben eigentlich in der Anderswelt festhalten müßte, kehrt er zuletzt problemlos in die Diesseitswelt zurück.

Kaiser Karl im Untersberg
(Salzburg)

In dem Wunderberg sitzt außer anderen fürstlichen und vornehmen Herren auch Kaiser Karl, mit goldener Krone auf dem Haupt und seinem Zepter in der Hand. Auf dem großen Walserfeld wurde er entrückt und hat noch ganz seine Gestalt behalten, wie er sie in der zeitlichen Welt gehabt. Sein Bart ist grau und lang gewachsen und bedeckt ihm das goldene Bruststück seiner Kleidung ganz und gar. An Fest- und Ehrentagen wird der Bart auf zwei Teile geteilt; einer liegt auf der rechten Seite, der andere auf der linken, mit einem kostbaren Perlenband umwunden. Der Kaiser hat ein scharfes und tiefsinniges Angesicht und erzeigt sich freundlich und gemeinschaftlich gegen alle Untergebenen, die da mit ihm auf einer schönen Wiese hin und her gehen. Warum er sich da aufhält und was seines Tuns ist, weiß niemand und steht bei den Geheimnissen Gottes.
Franz Sartori erzählt, daß Kaiser Karl V., nach anderen aber Friedrich Barbarossa an einem Tisch sitzt,

um den sein Bart schon mehr denn zweimal herumgewachsen ist. Sowie der Bart zum drittenmal die letzte Ecke desselben erreicht haben wird, tritt dieser Welt letzte Zeit ein. Der Antichrist erscheint, auf den Feldern von Wals kommt es zur Schlacht, die Engelposaunen ertönen, und der Jüngste Tag ist angebrochen.

***

Diese österreichische, teilweise arg christlich beeinflußte Sagenversion vom historischen Kaiser im Berg ist ziemlich identisch mit der Kyffhäuser-Sage aus Thüringen, die sich in diesem Kapitel an anderer Stelle findet. Es gibt in ihr aber eine schöne zusätzliche keltische Metapher: An Festtagen wird der Bart des Kaisers in zwei Teile geteilt; eine Hälfte liegt links, die andere rechts. Und dies drückt sehr treffend aus, daß der Monarch mit dem einen Teil seines Wesens in der Anderswelt weilt, welche im keltischen Denken immer westlich oder links angesiedelt ist; mit dem anderen Teil seines Wesens aber befindet er sich in der östlich oder rechts gedachten Diesseitswelt.

König Otter im Otterberg
(Niederösterreich)

Auf dem Großen Otter im Semmeringgebiet stand in uralter Zeit ein prachtvolles Schloß, wo der mächtige König Otter herrschte. Er regierte weithin über alles Land, und ein großes Heer von Rittern und reisigen

Knechten stand unter seinem Befehl. Doch dann, als er alt und grau geworden war, wurde er des Herrschens überdrüssig.

Er ließ sein Schloß auf dem Otterberg zerstören und zog sich mit seinem Gefolge ins Innere des Otterberges zurück, wo ein herrlicher Palast für ihn errichtet wurde. Dort sitzt der König nun in einem prachtvollen Saal auf seinem goldenen Thron und schläft in Frieden. Er trägt eine Goldkrone, und auf einem marmornen Tisch vor ihm liegt sein Szepter, das von Edelsteinen funkelt. Um ihn herum sitzen seine Ritter und Reisigen, die genau wie ihr König in Zauberschlaf versunken sind.

Den Eingang zum Schloß im Bergesinneren bewachen Zwerge, welche dem König Otter zu Diensten sind, wenn er von Zeit zu Zeit aus seinem Schlaf erwacht. Dann läßt der König ein Festmahl für sich und seinen Hofstaat auftragen, und bisweilen kann man dann ausgelassenen Jubel und zauberhafte Musik aus dem Berg hören. Bei anderen Gelegenheiten wieder kann man Donnerrollen aus dem Berginneren vernehmen. Dieses Rollen kommt von der Kegelbahn tief unten im Otterberg, wo sich die Bergmännlein vergnügen. Manchmal auch verspürt der König Lust, sein Schloß zu verlassen und mit seinen Gefolgsleuten aus dem Berg herauszusteigen. Bei solchen Gelegenheiten jagt er, dem Sturmwind gleich, über die Forste des Otterberges hin, macht an einem Felsen mit dem Namen Sonnwendstein kehrt, und kehrt durch eine Höhle, die man das Ruprechtsloch nennt, wieder in seinen unterirdischen Palast zurück.

***

Der Sonnwendstein macht klar, daß König Otter irgend etwas mit dem Sonnengott Lugh oder Bel zu tun hat; vielleicht ist in seiner Gestalt ein historischer Fürst oder fürstlicher Druide mit der Gottheit verschmolzen. Hochinteressant und typisch keltisch ist das Motiv, wonach König Otter sein Schloß zerstören läßt, nachdem er beschlossen hat, sich ins Berginnere – womit sein Grab und zugleich die Anderswelt gemeint ist – zurückzuziehen. Denn eine ganz ähnliche Zerstörung eines keltischen Fürstensitzes ist aus Irland bekannt, wo der Königssitz von Emain Macha ebenfalls bewußt niedergebrannt, mit einem „Grabhügel" überdeckt und so nach Annwn versetzt wurde.

Der Teufelsberg
(Steiermark)

Vor vielen Jahren wollte eine Bauerntochter aus Seckau am Johannistag Verwandte in einem Nachbardorf besuchen. Sie überquerte den Gamskogel in der Nähe von Seckau; irgendwann schloß sich ihr eine alte Frau an, und beide führten so anregende Gespräche miteinander, daß die Bauerntochter gar nicht mehr auf den Weg achtete. Erst am Mittag gewahrte sie, daß sie sich in einer ihr unbekannten

Gegend befand. Ein Stück weiter öffnete sich eine dunkle, von Bäumen verschattete Klamm, und dort wollten die junge und die alte Frau nun eine Rastpause einlegen.

Sie gingen in die Schlucht; nach einer Weile erreichten sie eine steile Felswand – und als die Alte an den Stein schlug, öffnete sich eine verborgene Pforte. Rasch durchschritt die alte Frau das Portal; verwirrt folgte ihr die Bauerntochter – und fand sich in einer großen Höhle wieder, deren Wände mit Gold und Edelsteinen bedeckt waren. Die Höhlendecke wurde von Diamantsäulen gestützt; auf dem Boden lagen schwere Goldklumpen und abermals eine Fülle kostbarster Steine.

Die junge Frau starrte und staunte; auf einmal war es ihr, als würde sie die Besinnung verlieren – und als sie wieder klar sehen konnte, war die Alte verschwunden, und vor der Bauerntochter stand ein strahlend aussehender junger Jäger. Lächelnd forderte er sie auf, ihren Tragekorb mit Gold und Edelsteinen zu füllen. Die Bauerntochter gehorchte; danach eilte sie aus der Höhle – und als sie sich draußen noch einmal umschaute, sah sie hinter sich wieder nur die steile, unzugängliche Felswand.

Doch nach wie vor war ihr Tragekorb mit Gold und Edelsteinen gefüllt, und diesen Schatz wollte die junge Frau jetzt natürlich so rasch wie möglich nach Hause bringen. Sie irrte jedoch noch lange in der ihr fremden Gegend umher und kehrte erst tief in der Nacht auf den Hof ihrer Eltern heim.

Als sie dort aber in die Stube trat, geschah noch einmal etwas Unerklärliches. Die Eltern der jungen Frau nämlich konnten es kaum fassen, daß ihre Tochter wieder da war – denn diese war monatelang von daheim weg gewesen, und die Eltern hatten sie bereits für tot gehalten.

***

Wie auch in anderen Sagen gerät die Bauerntochter am Johannistag, also zur Zeit der Sommersonnenwende, in die Anderswelt, wo sie dann einen überaus reichen Schatz gewinnt. Die Sommersonnenwende, das Gold und der strahlende junge Jäger, der es ihr schenkt, deuten auf den Sonnengott Lugh hin. Die alte Frau, welche die Bauerntochter nach Annwn führt, ist eindeutig die Große Göttin in ihrer schwarzen, andersweltlichen Erscheinungsform. Daß der Berg, wo die junge Frau den Schatz erhält, als Teufelsberg bezeichnet wird, ist einmal mehr die bekannte christliche Verteufelung eines Ortes mit heiliger heidnischer Bedeutung: im vorliegenden Fall wohl eines keltischen Sonnenheiligtums.

Die drei Bergleute im Kuttenberg
(Böhmen)

In Böhmen liegt der Kuttenberg, in ihm arbeiteten drei Bergleute lange Jahre und verdienten damit für ihre Frauen und Kinder das Brot ehrlich. Wenn sie morgens in den Berg gingen, so nahmen sie dreierlei mit: erstens ihr Gebetbuch; zweitens ihr Licht, das aber nur auf einen Tag mit Öl versehen war; drittens ihr bißchen Brot, das auch nur für einen Tag reichte. Ehe sie mit der Arbeit begannen, beteten sie zu Gott, daß er sie in dem Berge beschützen möchte, und danach fingen sie getrost und fleißig an zu arbeiten.

Es trug sich aber zu, als sie einen Tag gearbeitet hatten und es bald Abend war, daß der Berg vorne einfiel und der Eingang des Stollens verschüttet wurde. Da meinten sie, begraben zu sein, und sprachen: „Ach Gott! Wir armen Bergleute, wir müssen nun Hungers sterben! Wir haben nur einen Tag Brot zu essen und nur einen Tag Öl auf dem Licht!" Nun befahlen sie sich Gott und dachten bald zu sterben, doch wollten sie nicht müßig sein, solange sie noch Kräfte hätten, arbeiteten fort und beteten. Also geschah es, daß ihr Licht sieben Jahre brannte, und ihr bißchen Brot, von dem sie tagtäglich aßen, wurde auch nicht alle, sondern blieb immer gleich groß, und sie meinten, die sieben Jahre wären nur ein Tag. Doch da sie sich nicht ihr Haar schneiden und den Bart scheren konnten, waren diese ellenlang gewachsen. Die Weiber hielten unterdessen ihre Männer für tot; meinten, sie würden sie nimmermehr wiedersehen, und dachten daran, andere zu heiraten.

Nun geschah es, daß einer von den dreien unter der Erde so recht aus Herzensgrund wünschte: „Ach! Könnte ich noch einmal das Tageslicht sehen, so wollte ich gerne sterben!" Der zweite sprach: „Ach! Könnte ich noch einmal daheim bei meiner Frau zu Tische sitzen und essen, so wollte ich gerne sterben!" Da sprach auch der dritte: „Ach! Könnte ich nur noch ein Jahr friedlich und vergnügt mit meiner Frau leben, so wollte ich gerne sterben!"

Wie sie das gesprochen hatten, so krachte der Berg gewaltig und übermächtig und sprang auseinander; da ging der erste hin zu dem Riß und schaute hinauf und sah den blauen Himmel, und wie er sich am Tageslicht erfreut, sank er augenblicklich tot nieder. Der Berg aber tat sich immer mehr auseinander, so daß der Riß größer wurde; da arbeiteten die beiden anderen fort, hackten sich Treppen, krochen hinauf und kamen endlich heraus. Sie gingen nun fort in ihr Dorf und in ihre Häuser und suchten ihre Weiber, aber die Ehefrauen wollten sie nicht mehr kennen. Die Bergleute sprachen: „Habt ihr denn keine Ehegatten gehabt?" – „Doch", antworteten jene, „aber die sind schon sieben Jahre tot und liegen im Kuttenberg begraben!"

Da sprach der zweite Bergmann zu seiner Frau: „Ich bin dein Mann", aber sie wollte es nicht glauben, weil er den ellenlangen Bart hatte und ganz unkenntlich war. Da sagte er: „Hol mir das Bartmesser, das oben

in dem Wandschrank liegen wird, und ein Stück Seife dazu." Nun nahm er sich den Bart ab, kämmte und wusch sich, und als er fertig war, sah sie, daß es ihr Mann war. Sie freute sich herzlich, holte Essen und Trinken, so gut sie es hatte, deckte den Tisch, und sie setzten sich zusammen hin und speisten vergnügt miteinander. Wie aber der Mann satt war und den letzten Bissen Brot gegessen hatte, da fiel er um und war tot.
Der dritte Bergmann wohnte ein ganzes Jahr in Stille und Frieden mit seiner Frau zusammen; als es herum war, zu derselben Stunde aber, wo er aus dem Berg gekommen war, fiel er und seine Frau mit ihm tot hin. Also hatte Gott ihre Wünsche ihrer Frömmigkeit wegen erfüllt.

***

Trotz ihrer christlichen Übertünchung zeigt diese Sage einmal mehr sehr schön, daß in Annwn andere „physikalische" Gesetze als in der Diesseitswelt gelten und auch die Zeit dort ganz anders, nämlich sehr viel schneller, abläuft: „Sie meinten, die sieben Jahre wären nur ein Tag."

Der König im Berg
(Böhmen)

Im deutschböhmischen Gebirge lag ein altes Schloß, Schildheiß, das sollte im Bau erneuert werden. Im Untergrund fanden die Maurer und Werkleute viele

Gänge und Kellergewölbe, und in einem derselben saß ein König im Sessel von Elfenbein und schlief, und neben ihm stand regungslos eine Jungfrau, die stützte sein Haupt.

Als nun die Werkleute neugierig näher zu der Erscheinung schritten, da verwandelte sich die Jungfrau urplötzlich in eine Schlange und spie ihnen als solche Feuer und Dampf entgegen, so daß sie scheu zurückwichen.

Als solches nun dem Herrn des Schlosses angesagt worden war, begab sich dieser selbst in die Gewölbe hinab; da hörte er die Jungfrau bitterlich seufzen. Er öffnete und trat hinein, aber Feuer und Rauch kamen ihm entgegengepustet; sein Hund jedoch lief keck voran, und der Burgherr wollte nicht weniger Mut zeigen als sein Hund. Als er der Jungfrau ansichtig wurde, sah er, daß sie seinen Hund auf den Armen hielt, unversehrt. Aber an der Wand erschien nun eine Tafel mit brennender Schrift darauf; die war von Flammen umwabert und leuchtete glühend, und auf ihr stand eine Mahnung, nicht ins Verderben zu gehen. Mutvoll jedoch schritt der junge Ritter noch näher, da umschlangen und verschlangen ihn die Flammen.

***

Der schlafende König, der in Wahrheit tot ist und in der Anderswelt weilt, wird von einer Jungfrau bewacht: der Großen Göttin in ihrer weißen Gestalt, welche dem König genau durch diese Erscheinungsform die Wiedergeburt verheißt. – Der Ritter, welcher die Warnung der Göttin in den Wind schlägt und leichtfertig nach Annwn vordringt, muß seinen Frevel mit dem Leben bezahlen.

Das Weinfaß im Helfenstein
(Böhmen)

Am Fuß des Riesengebirges auf der böhmischen Seite liegt das Städtchen Trautenau, und eine Strecke ins Gebirge hinein, eine Meile davon, liegt ein hoher Felsberg. Darauf hat ein Schloß gestanden, das hat der Helfenstein geheißen, aber es ist verschwunden und versunken mit Mann und Maus, wie (...) viele andere Schlösser und Burgen. Doch die Sage blieb am Leben und versank nicht mit; die Sage, daß die Menschen im Helfenstein nicht allein vielen Durst, sondern auch vielen Wein gehabt, der auch mit versunken sei, welches gar schade.

Da war nun im Ort Marschendorf am Aupabach, der dicht oben an der Schneekoppe entspringt, im Jahr 1614 eine junge Magd; die hütete Vieh in diesem wilden Gebirgstal und kam dem Helfenstein nahe und sagte zu den drei Kindern, die bei ihr waren: „Kommt, laßt uns vollends zum Helfenstein hinaufgehen, vielleicht ist er offen, und wir bekommen das große Weinfaß zu sehen."

Das taten sie, und richtig war der Fels offen, und sie traten hinein und kamen durch ein Vorgemach und einen Gang in eine weite Halle. Darin lag das zehneimrige Stückfaß; das hatte nur noch wenig Dauben und Reife, aber eine fingerdicke Haut von Weinstein umgab das Faß, daß nichts herauslief. Wenn diese Haut angefaßt wurde, gab sie nach und schlotterte wie ein Windei.

Siehe, da trat aus einem anderen Gemach, darin Musik und fröhliche Gesellschaft war, ein altmodisch geputzter Herr mit einem roten Federbusch auf dem Hut und einer großen zinnernen Kanne in der Hand, um Wein zu zapfen. Dieser Herr sagte, sie sollten nur hineingehen, es gehe drinnen lustig her, aber die Magd und die Kinder zagten. Er bot ihnen Wein aus der Kanne, aber sie weigerten sich. Da sprach er: „Harret hier meiner, ich will gehen und kleine Becherlein holen."

Kaum war er hinein, so sprach die Magd: „Lauft, Kinder, lauft geschwind hinaus, die Leute hier im Berg sollen alle verfallen und verwunschen sein!" Und da eilten sie hinaus, und hinter ihnen schlugen mit Knall und Fall die Türen zu, und es polterte furchtbar.

Als sie sich nach etwa einer Stunde von dem Schrekken erholt hatten, wurde die Magd doch wieder keck. Sie wollte sehen, was es denn gewesen sei, das so gekracht hatte; ob etwa der Felsen eingefallen sei.

Sie redete den anderen zu, nochmals mit ihr hinaufzusteigen, aber sie fanden die Öffnung nicht wieder; der Fels war zu und blieb zu von allen Seiten.

***

Die Magd und die drei (!) Kinder besitzen heidnischkeltisches Bewußtsein. Denn sie wissen genau, daß sie in der Anderswelt, die sie betreten haben, weder Speise noch Trank annehmen dürfen, da sie sonst nicht mehr in die Diesseitswelt zurückkehren könnten. – Das große Weinfaß steht hier für den keltischen Kessel der Fülle beziehungsweise den Schoß der Großen Göttin; die geheimnisvolle Haut, die wie ein Windei schlottert, stellt eventuell eine Anspielung auf die weibliche Fruchtblase dar und wäre damit ein Fruchtbarkeitssymbol.

Der Mummelsee
(Baden-Württemberg)

Im Schwarzwald, nicht weit von Baden, liegt ein See, auf einem hohen Berg, aber unergründlich. Wenn man Gegenstände von ungerader Zahl – Erbsen, Steinlein oder etwas anderes – in ein Tuch bindet und hineinhängt, so verändern die Gegenstände sich zu gerader Zahl, und ebenso, wenn man etwas von gerader Zahl hineinhängt, in ungerade Zahl. So man einen oder mehr Steine hinunterwirft, trübt sich der heiterste Himmel, und ein Ungewitter entsteht, mit Schloßen und Sturmwinden. Die Wassermännlein tragen auch alle hineingeworfenen Steine sorgfältig wieder heraus ans Ufer.

Da einst etliche Hirten ihr Vieh bei dem See gehütet, so ist ein brauner Stier daraus gestiegen, sich zu den übrigen Rindern gesellend. Alsbald aber ist ein Männlein nachgekommen, denselben zurückzutreiben; da er nicht gehorchen wollte, hat es ihn verwünscht, bis er mitgegangen.

Ein Bauer ist zur Winterszeit über den hartgefrorenen See mit seinen Ochsen und einigen Baumstämmen ohne Schaden gefahren; sein nachlaufendes Hündlein aber ertrunken, nachdem das Eis unter ihm gebrochen.

Ein Schütz hat im Vorübergehen ein Waldmännlein darauf sitzen sehen, den Schoß voll Geld und damit spielend; als er darauf Feuer hat geben wollen, so ist es niedergetaucht und hat bald gerufen: Wenn er es gebeten, so hätte es ihn leicht reich gemacht; so aber müßten er und seine Nachkommen in Armut verbleiben.

Einmal ist ein Männlein spätabends zu einem Bauern auf dessen Hof gekommen, mit der Bitte um Nachtherberge. Der Bauer, in Ermangelung von Betten, bot ihm die Stubenbank oder den Heuschober an; allein es bat sich aus, in den Hanfräpen zu schlafen. „Meinethalben", hat der Bauer geantwortet, „wenn dir damit gedient ist, magst du wohl gar im Weiher oder am Brunnentrog schlafen." Auf diese Verwilligung hin hat es sich gleich zwischen die Binsen und das Wasser eingegraben, als ob es Heu wäre, sich darin zu wärmen. Frühmorgens ist es herausgekommen, ganz mit trockenen Kleidern, und als der Bauer sein Erstaunen über den wundersamen Gast äußerte, hat es erwidert: Ja, es könne wohl sein, daß seinesgleichen nicht in etlichen hundert Jahren wieder hier übernachte.

Von solchen Reden ist es mit dem Bauern so weit ins Gespräch gekommen, daß es ihm anvertraute, es sei ein Wassermännlein, welches sein Gemahl verloren habe und es in dem Mummelsee suchen wolle; mit der Bitte, ihm den Weg zu zeigen. Unterwegs erzählte es noch viele wunderliche Sachen, wie es schon in vielen Seen sein Weib gesucht und es nicht gefunden habe; auch wie es in solchen Seen beschaffen sei. Als sie zum Mummelsee kamen, hat es sich hintergelassen; doch zuvor den Bauern zu verweilen gebeten, so lange, bis zu seiner Wiederkunft, oder bis es ihm ein Wahrzeichen senden werde. Wie er nun ungefähr ein paar Stunden bei dem See gewartet hatte, so ist der Stecken, den das Männlein gehabt, samt ein paar Handvoll Blutes mitten im See durch das Wasser heraufgekommen und etliche Schuh hoch in die Luft gesprungen, so daß der Bauer wohl annehmen konnte, daß solches das verheißene Wahrzeichen gewesen.

Ein Herzog zu Württemberg ließ ein Floß bauen und damit auf den See fahren, dessen Tiefe zu ergründen. Als aber die Vermesser schon neun Zwirnnetz hinuntergelassen und immer noch keinen Boden gefunden hatten, so fing das Floß gegen die Natur des Holzes zu sinken an, also daß sie von ihrem Vorhaben ablassen und auf ihre Rettung bedacht sein mußten. Vom Floß sind noch Stücke am Ufer zu sehen.

***

Die Aussage, daß sich Gegenstände von gerader oder ungerader Zahl im Mummelsee in ihr Gegenteil verändern, kennzeichnet das Gewässer als anderswertlich; die vertrauten Naturgesetze gelten dort nicht mehr. Damit korrespondiert die Episode mit dem Ochsengespann, das den zugefrorenen See gefahrlos überqueren kann, während ein kleiner Hund einbricht; ebenso die Episode, in der ein Holzfloß gegen seine Natur sinkt. – In dem Stier, der aus dem See steigt und wieder in ihn zurückkehrt, wird der Donner- und Stiergott Taranis kenntlich. – Ansonsten erscheinen am Mummelsee Sídhe von verschiedener Wesensart.

Der Wassermann und der Bauer
(Schweiz)

Der Wassermann schaut aus wie ein anderer Mensch; nur daß, wenn er den Mund bleckt, man seine grünen Zähne sieht. Auch trägt er einen grünen Hut. Er zeigt sich den Mädchen, wenn sie am Teich vorübergehen, mißt Band aus und wirft's ihnen zu.

Einmal lebte er in guter Nachbarschaft mit einem Bauern, der unweit des Sees wohnte, besuchte ihn manchmal und bat endlich, daß der Bauer ihn ebenfalls in seinem Haus besuchen möchte. Der Bauer tat's und ging mit. Da war unten im Wasser alles wie in einem prächtigen Palast auf Erden; Zimmer, Säle und Kammern voll mancherlei Reichtum und Zierrat. Der Wassermann führte den Gast aller Enden umher und wies ihm jedes; endlich gelangten sie in ein kleines Stübchen, wo viele neue Töpfe umgekehrt, die Öffnung bodenwärts, standen. Der Bauer fragte, was das wäre? „Das sind die Seelen der Ertrunkenen, die hebe ich unter den Töpfen auf und halte sie fest, damit sie nicht entwischen können."

Der Bauer schwieg still und kam hernach wieder heraus ans Land. Das Ding mit den Seelen wurmte ihn aber lange Zeit, und er paßte dem Wassermann auf, daß er einmal ausgegangen sein würde. Als das geschah, hatte der Bauer den rechten Weg hinunter sich wohl gemerkt, stieg in das Wasserhaus und fand auch jenes Stübchen glücklich wieder. Da war er her, stülpte die Töpfe um, einen nach dem anderen; alsbald stiegen die Seelen der ertrunkenen Menschen hinauf in die Höhe aus dem Wasser und wurden wieder erlöst.

***

Die Anderswelt ist hier in einem See angesiedelt, was in der keltischen Mythologie oft der Fall ist – und die Ertrunkenen, die sich in Annwn aufhalten, sind nicht tot, sondern können „erlöst", also wiedergeboren werden. Im Wassermann ist ein keltischer Wassergott zu erkennen; in Irland würde er den Namen Mananann Mac Lir tragen.

Die Schlangenjungfrau im Heidenloch bei Augst
(Schweiz)

Zwischen Basel und Rheinfelden liegt ein uralter Ort, heißt Augst, vom römischen Wort Augusta. Römerkaiser hatten dort ihre Hofhaltung und bauten eine schöne Wasserleitung. An dieser ist ein Schlupfloch und unterirdischer Gang, der sich weit in die Erde hineinzieht, niemand hat noch dessen Ende gesehen; heißt im Volk das Heidenloch.
Da war im Jahr 1520 ein Schneider zu Basel gesessen, der hieß Leonhard (...) und war fast ein Simpel. Er stammelte statt zu reden und war zu gar wenigen Dingen geschickt zu brauchen. Den trieb eines Tages die Neugier, doch zu versuchen, wie weit der hohle Gang eigentlich in die Erde hineingehe. Da nahm er eine Wachskerze, zündete sie an und ging in das Schlupfgewölbe hinein. Nun aber war die Kerze eine geweihte, und da konnten ihm die Erdgeister nichts anhaben. (...) Leonhard kam an eine eiserne Pforte, die tat sich vor ihm auf, und da kam er durch mehr

als ein hohes und weites Gewölbe; endlich gar in einen Lustgarten, darin standen viele schöne Blumen und Bäume, und in der Mitte des Gartens stand ein wohlerbauter Palast. Alles ringsum aber war still und menschenleer.

Die Tür zu dem stattlichen Lusthaus stand offen, da ging Leonhard hinein und trat in einen Saal. Dort erblickte er eine reizend schöne Jungfrau; die trug auf ihrem Haupt ein goldenes Krönlein und hatte fliegende Haare, aber – o Graus – von der Leibesmitte abwärts war sie eine häßliche Schlange mit langem Ringelschweif. Hinter der Jungfrau stand ein eiserner Kasten; darauf lagen zwei schwarze Hunde, die sahen aus wie Teufel und knurrten wie grimmige Löwen.

Die Jungfrau grüßte den Leonhard sittsam, nahm von ihrem Hals einen Schlüsselbund und sprach: „Siehe, ich bin von königlichem Stamme und Geschlecht geboren, aber durch böse Macht verwünscht und zur Hälfte in ein greuliches Ungetüm verwandelt. Doch kann ich erlöst werden, wenn ein reiner Jüngling mich trotz meiner Ungestalt dreimal auf den Mund küßt; dann erlange ich meine vorige Menschengestalt völlig wieder, und mein ganzer großer Schatz ist sein." Und dann ging sie zu dem Kasten, beruhigte die murrenden Hunde, schloß den mittleren Deckel mit einem ihrer Schlüssel auf und zeigte Leonhard, welch großes Gut an Gold und Kleinodien darin enthalten sei; nahm auch etliche goldene und silberne Münzen heraus und gab sie dem Leonhard und blickte ihn seufzend und gar innig aus zärtlichen Augen an.

Leonhard hatte in seinem Leben noch keine Maid geküßt; jetzt aber wurde ihm warm ums Herz, und er wagte es, der Schlangenjungfrau einen Kuß auf ihren schönen Mund zu geben. Da erglühten ihre Wangen und funkelten ihre Augen; ihr Antlitz strahlte vor Freude, und sie lachte vor Lust und Hoffnung der Erlösung und preßte ihren Befreier mit heftiger Glut an die Brust.

Und da geschah der zweite Kuß, und mit dem ringelte sich der Schlangenschweif eng um ihn, als wollte er ihn auf ewig fesseln, und die Jungfrau faßte ihn noch fester mit beiden Händen an und lachte und biß ihn vor Lust in die Lippe. Da schauderte ihn vor solchen Zeichen überheftiger Liebeswut; er riß sich mit Gewalt los, nahm seine noch brennende Kerze und floh.

Hinter ihm stieß die Jungfrau ein wehklagendes Geschrei aus, das ihm durch Mark und Bein drang, und er kam aus dem Gang und dem Loch heraus und wußte gar nicht, wie. Seitdem empfand der Jüngling eine brennende Sehnsucht nach Küssen; nie aber fand er die Küsse anderer Mädchen und Frauen so feurig und süß wie jene der Schlangenjungfrau. Immerdar trieb es ihn zurück zu ihr, um das Werk der

Erlösung an ihr zu vollbringen – aber da er nun andere geküßt hatte, vermochte er es nicht mehr, den Eingang zur Schlangenhöhle wiederzufinden, und es soll dies auch nach ihm keinem wieder geglückt sein.

***

Die Sage ist christlich leicht übertüncht und mit frühneuzeitlichen Motiven vermischt – trotzdem wird in der andersweltlichen Jungfrau mit der (rot)goldenen Krone sehr schön sowohl die weiße, junge als auch die rote, mütterliche Emanation der Dreifachen Göttin kenntlich; die schwarzen Hunde in ihrer Begleitung verweisen auf den dritten Aspekt der Großen Göttin: ihren Todes- und Wiedergeburtsaspekt.

Der Schatz, den sie dem Jüngling in Annwn anbietet, besteht aus Silber und Gold: jugendliche Lebenskraft und Fülle der Lebensmitte. Zudem erscheint die Göttin in dieser Sage als Schlangenmetamorphose ihrer selbst; ihre partielle Schlangengestalt steht wohl für die Wiedergeburts- und Erdenergien, über die sie gebietet.

Das Erlösungsmotiv schließlich ist christlich; in der heidnischen Urfassung der Geschichte ging es wohl um die spirituelle Vereinigung eines Menschen mit der Göttin. In der frühen Neuzeit jedoch versagt der Jüngling diesbezüglich, weil er die elementare Lebens- und Liebeskraft der Göttin als sinnlich viel zu schwacher Christ nicht ertragen kann.

Friedrich Rotbart im Kyffhäuser
(Thüringen)

Von diesem Kaiser gehen viele Sagen im Schwange. Er soll nicht wirklich tot sein, sondern bis zum Jüngsten Tage leben. Bis dahin sitzt er verhohlen in dem Berg Kyffhausen, und wenn er hervorkommt, wird er seinen Schild hängen an einen dürren Baum; davon wird der Baum grünen und eine bessere Zeit werden. Zuweilen redet er mit den Leuten, die in den Berg kommen, zuweilen läßt er sich auswärts sehen. Gewöhnlich sitzt er auf der Bank an dem runden steinernen Tisch, hält den Kopf in die Hand und schläft, mit dem Haupt nickt er stetig und zwinkert mit den Augen. Der Bart ist ihm groß gewachsen, nach einigen durch den steinernen Tisch, nach anderen um den Tisch herum; dergestalt, daß er dreimal um die Rundung reichen muß, bis zu seinem Aufwachen, jetzt aber geht er erst zweimal darum.
Ein Bauer, der 1669 aus dem Dorf Reblingen Korn nach Nordhausen fahren wollte, wurde von einem kleinen Männchen in den Berg geführt, mußte sein Korn ausschütten und sich dafür die Säcke mit Gold füllen. Dieser sah nun den Kaiser sitzen, aber ganz unbeweglich.
Auch einen Schäfer, der einstmals ein Lied gepfiffen, das dem Kaiser wohl gefallen, führte ein Zwerg hinein; da stand der Kaiser auf und fragte: „Fliegen die

Raben noch um den Berg?" Und auf die Bejahung des Schäfers rief er: „Nun muß ich noch hundert Jahre länger schlafen!"

***

Wenn der Bart des Kaisers dreimal um den runden Tisch – des Lebenskreislaufes – gewachsen ist, und wenn die schwarzen Raben nicht mehr fliegen, sondern verschwunden sind, dann wird der Kaiser aus dem dunklen Berg – der Anderswelt – unter die diesseitige Sonne zurückkehren, und der dürre Baum wird wieder grünen. Die Todes- und Wiedergeburtsmetaphorik ballt sich hier förmlich vor dem Hintergrund von Annwn, und die heidnisch-keltischen Vorstellungen sind mit der Person des mittelalterlich-christlichen Monarchen Friedrich Barbarossa verknüpft.

Die Ritter des Hermannsberges
(Thüringen)

Nicht weit von Steinbach-Hallenberg, mitten im Waldgebirge, liegen zwei Berge, der kleine und große Hermannsberg. Über letzteren läuft ein steiler, haushoher Porphyrfelsenkamm, wie eine Riesen- oder Teufelsmauer, grau bemoost und mit alten Bäumen bewachsen. Da droben soll ein Schloß gestanden haben, bewohnt von einem Grafen, welcher Hermann hieß. Er führte ein gar übles Leben mit seinen Rittern und gewann einen großen Schatz, indem er zwölf Seelen opferte. Zur Strafe für seine Untaten wurde er mit den Seinen in den Berg verflucht; zuzeiten hört man ein wildes, wüstes Toben dieser Ritter, sieht auch wohl den Grafen umgehen; so hat ihn mancher Förster und Jäger auf sich zukommen sehen mit einem spinnenwebenen Gesicht. Ein Führer geleitete einen Fremden über die Waldestrift, wo man von Steinbach-Hallenberg nach Mehlis geht, an einem Märzmorgen. Es hatte einen frischen Schnee gelegt. Da kam der Geist und ging an den Wanderern vorüber; wie sie sich umsahen, weil sein Aussehen sie entsetzte, war er verschwunden, und im Schnee war, wo er gegangen, kein Fußstapfen zu erblicken.

Einst hütete ein Hirte am großen Hermannsberg, da verlief sich der Leitochse, und der junge Knecht ging in den Wald, um ihn zu suchen. Da kam er zu einer Gesellschaft Herren, die vergnügten sich mit Kegelschieben, und da sie ihn sahen, winkten sie ihm, ihnen die Kegel aufzusetzen. Dies tat er, und als sie ihr Spiel beendet hatten, gingen sie hinweg und sagten, er möge nur die Kegel mitnehmen. Er belud sich mit dem Spiel, kam wieder zur Herde, zu der sich indes der Ochse wiedergefunden hatte, trieb sie heim und wurde verwundert gefragt, wo er denn gewesen sei – denn er sei schon drei Tage nicht nach Hause gekommen. Er aber beteuerte, kaum eine halbe Stunde von der Herde gegangen zu sein; die Herren hätten ihn genötigt, ihnen die Kegel aufzusetzen.

Da fragte man weiter, ob er auch einen Lohn bekommen hätte? „O ja", sagte der Knecht, „ich habe das ganze Spiel mitgebracht, draußen liegt's unter der Treppe." Nun wollte der alte Hirte selbst den Ranzen mit den Kegeln unter der Treppe hervorziehen, vermochte das aber nicht – hingegen der Junge, wie er angriff, brachte ihn gleich hervor, und da waren die Kegel von purem Gold. (...)

***

Bei dem Porphyrfelsenkamm, der als Riesen- oder Teufelsmauer bezeichnet wird, handelt es sich vermutlich um ein heidnisches Naturheiligtum, das – ebenso wie der „Graf", wohl ein keltischer Fürst oder Druide – später christlich verteufelt wurde. Es scheint, als hätten die Kelten in dem Felsenkamm ein Tor in die Anderswelt gesehen – und einmal mehr wird in dieser Sage deutlich, daß die Zeit in Annwn anders abläuft als in der Diesseitswelt.

Der Singerberg
(Thüringen)

Zwischen Ilmenau und Stadtilm, die beide am Ilmfluß liegen, erhebt sich ein einzelner Hochgipfel, das ist der Singerberg. Er ist einer der vielen Sagenberge des Thüringerlandes. Er soll den Namen tragen vom Gesang und Getöne, das zuzeiten in seinem Innern vernommen wird, gleich wie im Hörseelenberg (Hörselberg/Tannhäuserberg). Auch in ihm soll ein

Mann verzaubert sitzen, und ein Schloß ist in seinen tiefen Schoß hinab verwünscht. Bisweilen gelingt es wohl einem, die Öffnung zu finden, die hinein- und hinunterführt.

Ein Schäfer fand eine gelbe Blume und pflückte sie; dem erschien eine Prinzessin und leitete ihn in das Innere, wo an einer Tafel viele eisgraue Ritter schlafend saßen, denen allen die Bärte durch die Tischplatte gewachsen waren. Und da ist es ihm ergangen wie den Hirten und Schäfern im Kyffhäuser: Fragen nach dem Flug der Vögel, hier schwarzen und weißen, Wiederentschlummern, Gewölbe voll Waffen, Rossen und Schätzen, und der Lohn – eine Tasche voll Sand, den aber der Schäfer einmal nicht wegwarf, sondern davon reich ward.

Auch die Sagen von der zauberhaften Bergentrückkung wiederholen sich am Singerberg. Ein Fuhrmann fand im Berg Nachtquartier mit Wagen und Pferden, als er in der Meinung, in einen großen Gasthof am Weg zu fahren, in den Berg hineinfuhr. Herrlicher Stall, glänzende Bewirtung; am anderen Morgen spannte er wohlgemut ein, wendete sich noch einmal, um in das Haus zu gehen und die Zeche zu bezahlen – weg ist das Haus, weg die Stallung, weg sind die Wirtsleute und ihr Gesinde. Grausen ergreift den Fuhrmann; er fährt von dannen, kehrt im nächsten Wirtshaus ein, sieht da den Kalender, nimmt ihn von der Wand, liest die Jahreszahl und staunt. Sieben Jahre, sieben Monate und sieben Tage war er im Singerberg gewesen.

Ein Hirte blieb gar hundert Jahre darin – und häufig erscheint am Berge eine weiße Jungfrau (...); sie äfft oft Jäger und Holzleute, wie auch die Reisenden. Auch wird, das ist die allgemeine Sage, für den Singerberg in allen katholischen Kirchen Erfurts jährlich einmal gebetet (...), daß er nicht berste und von ihm aus das ebene Land überflutet werde. Weil er aber der Singerberg heißt und ist und die Singer und Sänger das Wasser nicht lieben, so ist sein Schoß angefüllt mit vielen hunderttausend Fässern Wein, den die Ritter des Schlosses darin aufgehäuft und seltsamerweise nicht selbst getrunken haben. Etwas von diesem Wein entrinnt alljährlich dem Bergesschoß, das mischt sich in seine Quellen, darum sind sie so erquickend und labend. Wenn aber nicht mehr für den Berg gebetet (...) wird, dann sollen alle Fässer bersten und soll die Weinflut aus dem Berg strömen und alles Land (...) darin untergehen wie in einer zweiten Sintflut (...).

***

Der keltische Sagenkern beinhaltet die Aussage, daß in der Anderswelt große spirituelle Schätze sowie die Fülle des Lebens – der Wein – ruhen und der Zeitablauf dort verschieden von dem in der Diesseitswelt ist. Auch die weiße Göttin Brigid taucht, christlich verzerrt, auf; sie stand einst gewiß in Verbindung mit den besonderen, heiligen

Quellen des Berges – und ansonsten muß natürlich der heidnische Geist des Singerberges durch die katholischen Gebete „gebannt" werden.

Der Döngessee
(Hessen)

Bei dem Dorf Dönges in Hessen liegt der Dönges- oder Hautsee, der an einem gewissen Tage im Jahr ganz blutrot wird. Davon gibt es folgende Sage:
Einmal war im Dorf Dönges Kirmes, und dazu kamen auch zwei fremde, unbekannte, aber schöne Jungfrauen, die mit den Bauernburschen tanzten und lustig waren, aber nachts zwölf Uhr verschwunden waren, während doch die Kirmes Tag und Nacht fortdauert. Indes waren sie am anderen Tag wieder da, und ein Bursche, dem es lieb gewesen wäre, wenn sie immer geblieben wären, nahm einer von ihnen während des Tanzes die Handschuhe weg. Sie tanzten nun wieder mit, bis Mitternacht herannahte; da wollten sie fort, und die eine ging und suchte nach ihren Handschuhen in allen Ecken. Da sie solche nirgends finden konnte, wurde sie ängstlich; als es aber während des Suchens zwölf Uhr schlug, so liefen sie beide in größter Angst fort, gerade nach dem See und stürzten sich hinein. Am anderen Tag war der See blutrot und wird es an selbigem noch

jedesmal im Jahr. An den zurückgebliebenen Handschuhen waren oben kleine Kronen zu sehen.

Es wird auch erzählt, daß in einer Nacht zwei Reiter vor das Haus einer Kinderfrau kamen, sie weckten und sie mitgehen hießen. Als sie sich weigerte, gebrauchten sie Gewalt, banden sie aufs Pferd und jagten mit ihr fort zum Döngessee, wo sie ihrer Königin in Kindesnöten Beistand leisten sollte. Sie sah viel wundersame Dinge, große Schätze und Reichtümer, mußte aber schwören, keinem Menschen je etwas davon zu sagen. Nachdem sie einen ganzen Tag unten geblieben war, wurde sie, reichlich beschenkt, in der Nacht wieder heraufgebracht.

***

Die Feen, die aus dem andersweltlichen Döngessee auftauchen, sind nach keltischer Mythologie Töchter des Wassergottes; da sie etwas von sich in der irdischen Welt zurücklassen, werden sie in Annwn bestraft. Zudem enthält die Sage noch ein weiteres keltisches Motiv, das sich häufig findet: Eine Menschenfrau muß einer Anderweltbewohnerin Geburtshilfe leisten und wird dafür reich belohnt.

Die Springwurzel
(Niedersachsen)

Vorzeiten hütete ein Schäfersmann friedlich auf dem Köterberg; da stand, als er sich einmal umwandte, ein prächtiges Königsfräulein vor ihm und sprach: „Nimm die Springwurzel und folge mir nach!"

Die Springwurzel erhält man dadurch, daß man einem Grünspecht, einer Elster oder einem Wiedehopf sein Nest mit einem Holz zukeilt; der Vogel, wie er das bemerkt, fliegt alsbald fort und weiß die wunderbare Wurzel zu finden, die ein Mensch noch immer vergeblich gesucht hat. Er bringt sie im Schnabel und will sein Nest damit wieder öffnen; denn hält er sie vor den Holzkeil, so springt er heraus, wie vom stärksten Schlag getrieben. Hat man sich versteckt und macht nun, wie der Vogel herankommt, einen großen Lärm, so läßt er sie erschreckt fallen – man kann aber auch nur ein weißes oder rotes Tuch unter das Nest breiten, so wirft der Vogel die Wurzel darauf, sobald er sie gebraucht hat.

Eine solche Springwurzel besaß der Hirt, ließ nun seine Tiere sich herumtreiben und folgte dem Fräulein. Sie führte ihn bei einer Höhle in den Berg hinein. Kamen sie zu einer Tür oder einem verschlossenen Gang, so mußte er seine Wurzel vorhalten, und alsbald sprangen sie krachend auf. Sie gingen immer fort, bis sie etwa in die Mitte des Berges gelangten, da saßen noch zwei Jungfrauen und spannen emsig; der Böse war auch da, aber ohne Macht und unten an den Tisch, vor dem die beiden saßen, festgebunden. Ringsum waren in Körben Gold und leuchtende Edelsteine aufgehäuft, und die Königstochter sprach zu dem Schäfer, der da stand und die Schätze anlusterte: „Nimm dir so viel du willst!" Ohne Zaudern griff er hinein und füllte seine Taschen, so viel sie halten konnten, und wie er, also reich beladen, wieder hinaus wollte, sprach sie: „Aber vergiß das Beste nicht!"

Er meinte nicht anders, als wären dies die Schätze, und glaubte sich gar wohl versorgt zu haben, aber es war die Springwurzel. Wie er nun hinaustrat, ohne die Wurzel, die er auf den Tisch gelegt hatte, schlug das Tor mit Schallen hinter ihm zu, hart an die Ferse, doch ohne weiteren Schaden, wiewohl er leicht sein Leben hätte einbüßen können. Die großen Reichtümer brachte er glücklich nach Hause, aber den Eingang konnte er nicht wieder finden.

***

Der Köterberg liegt im östlichen Niedersachsen, nördlich von Höxter. Hier war stets germanisches Siedlungsgebiet, dennoch enthält die Sage typisch keltische Elemente: die anderweltliche Höhle im Berg und die drei göttlichen Frauen dort; das weiße oder rote Tuch, auf welches der Vogel die dunkle (schwarze) Wurzel wirft; auch die drei Vögel, mit deren Hilfe man die Springwurzel gewinnen kann. Zusätzlich weist der Flurname Köterberg auf den keltischen Ursprung der Sage hin, denn in ihm steckt das keltische Wort Coet, das Wald bedeutet. – Die wahrscheinlichste Erklärung für das Auftauchen der Sage so weit im Norden Deutschlands ist, daß es in der fraglichen

Gegend einst wohl eine Enklave versprengter Kelten oder vielleicht auch eine keltische Handelsniederlassung in einem germanischen Stammesgebiet gab.

„Johann von Passau und sein Weib" und andere Wiedergeburts- und Metamorphosesagen

Johann von Passau und sein Weib
(Bayern)

Ein Edelmann namens Johann von Passau hatte ein schönes junges Weib gehabt, die war ihm gestorben und auch begraben worden.
Nicht lange danach lagen der Herr und sein Knecht in einer Kammer beieinander, da kam des Nachts die verstorbene Frau und lehnte sich über des Herren Bett, gleich als redete sie mit ihm. Da nun der Knecht sah, daß solches zweimal nacheinander geschah, fragte er den Junker, was es doch sei, daß alle Nacht ein Weibsbild in weißen Kleidern vor sein Bett komme? Da sagte der Junker, er schlafe die ganze Nacht und sehe nichts. Als es nun wieder Nacht war, gab der Junker auch darauf acht und wachte im Bett; da kam die Frau zum drittenmal vor das Bett, und der Junker fragte, wer sie sei und was sie wolle? Sie antwortete, sie sei seine Hausfrau. Er sprach: „Bist du doch gestorben und begraben!" Da antwortete sie: „Ja, ich habe deines Fluchens halber und um deiner Sünde willen sterben müssen. Willst du mich aber wieder bei dir haben, so will ich wieder deine

Hausfrau werden." Er sprach: „Ja, wenn's nur sein könnte"; aber sie verlangte von ihm, er dürfe nicht mehr fluchen, dürfe seinen sonderlichen Fluch nicht wieder aussprechen, denn sonst würde sie bald wieder sterben. Dies sagte ihr der Mann zu; da blieb die verstorbene Frau bei ihm, regierte im Haus, schlief bei ihm, aß und trank mit ihm und gebar ihm Kinder. Nun begab es sich, daß einmal der Edelmann Gäste hatte, und nach gehaltener Mahlzeit auf den Abend sollte das Weib Pfefferkuchen zum Obst aus einem Kasten holen und blieb lange draußen. Da wurde der Mann scheltig und fluchte seinen gewöhnlichen Fluch; da verschwand die Frau von Stund an und war mit ihr aus. Da sie nun nicht wiederkam, gingen sie hinauf in die Kammer, um zu sehen, wo die Frau bliebe. Da lag ihr Rock, den sie angehabt, halb mit den Ärmeln in dem Kasten, das andere Teil aber heraußen, wie sich das Weib hatte in den Kasten gebückt – und war das Weib verschwunden und seit der Zeit nicht wieder gesehen worden.

***

In dieser Wiedergeburtssage kehrt die verstorbene Frau ins Leben zurück; zuvor hat sie ihrem Gatten aber ein Versprechen abverlangt, also einen Geis über ihn verhängt. Als der Mann den Geis bricht, geht die Frau abermals nach Annwn – und das Bild von ihrem Rock, der dann halb im Kasten und halb draußen hängt, symbolisiert ihre Wanderung zwischen Diesseits und Anderswelt sehr treffend. – Das Fluchen und die Sünde des Mannes sind christliche Übertünchung; in der heidnisch-keltischen Urfassung der Sage wird es sich wohl um eine andere Übeltat gehandelt haben.

Die Brotschuhe
(Böhmen)

Einer Mutter in Böhmen starb ihr Kind, ihr einziges und herzliebstes, und sie schmückte es im Sarg auf das allerschönste. Sie tat ihm das beste Kleidchen an und setzte ihm das feinste Kränzlein auf und zog ihm Strümpfchen an, so weiß wie Schnee, und neue rote Schühlein.
Aber die Schühlein, die waren doch zu hart, die schienen ihr nicht zart genug für des Kindes Füßchen, und sie wußte etwas Weicheres. Vom feinsten Brotmehl nahm sie, machte Teig und formte Schuhe daraus und buk sie, doch nicht zu hart. Und da hatte das Tote neue braune Schuhe anstatt der roten, darin wurde es begraben.
Aber um Mitternacht kam das bleiche Kind in seinem Kränzlein und weißen Kleidchen und sah so jammerig aus und hielt der Mutter das Füßchen hin, daß sie den einen Schuh ausziehen sollte und dann den anderen; sie aber verstand es nicht, und das Kindlein verschwand wieder.

So kam es zum zweiten- und zum drittenmal und deutete auf die Schuhe und ließ der Mutter keine Ruhe. Und da verstand diese endlich, was es wollte, und ließ das Särglein wieder ausgraben, zog dem Kind die Brotschuhe aus und die roten Schuhe wieder an und ließ es wieder einsenken unter heißen Tränen. Und von da an hatte sie Ruhe, soviel eine Mutter Ruhe haben kann, deren einziges Kind im Grab liegt.

***

Schon das Kränzlein weist auf die tiefere Bedeutung der Sage hin: Es geht hier um den im geschlossenen Ring des Kranzes ausgedrückten Kreislauf von Leben, Tod und Wiedergeburt. Damit korrespondieren die weißen Strümpfe und die roten Schuhe des verstorbenen – also „schwarzen" – Kindes. Weiße und rote Kraft richten die Seele des toten Kindes auf die Wiedergeburt und ein neues Leben hin aus. Doch der Weg zur Wiedergeburt wird gestört, indem die Mutter die roten Schuhe ihres Kindes mit braunen (schwarzen) vertauscht; ihr Kind dadurch also im Tod festhält. Und erst nachdem das Kind deswegen dreimal interveniert hat, erkennt die Mutter ihren Fehler.

Der Krötenstuhl
(Elsaß)

Auf Nothweiler, einer elsässischen Burg im Wasgau, lebte vor alten Zeiten die schöne Tochter eines Herzogs, die aber so stolz war, daß sie keinen ihrer vielen Freier gut genug fand und viele umsonst das Leben verlieren mußten. Zur Strafe wurde sie verwünscht und muß so lange auf einem öden Felsen hausen, bis sie erlöst wird.

Nur einmal die Woche, nämlich am Freitag, darf sie sichtbar erscheinen, aber einmal in Gestalt einer Schlange, das zweite Mal als Kröte und das dritte Mal als Jungfrau in ihrer natürlichen Art. Jeden Freitag wäscht sie sich auf dem Felsen, der noch heutigentags Krötenstuhl heißt, an einem Quellborn und sieht sich dabei in die Weite um, ob niemand nahe, der sie erlöse. Wer das Wagestück unternehmen will, der findet oben auf dem Krötenstuhl eine Muschel mit drei Wahrzeichen: einer Schlangenschuppe, einem Stück Krötenhaut und einer gelben Haarlocke. Diese drei Dinge bei sich tragend, muß er an einem Freitagmittag in die wüste Burg steigen, warten, bis sie sich zu waschen kommt, und sie drei Wochen hintereinander in jeder ihrer Erscheinungen auf den Mund küssen, ohne zu entfliehen. Wer das aushält, bringt sie zur Ruhe und empfängt alle ihre Schätze.

Mancher hat schon die Merkzeichen gefunden und sich in die Trümmer der alten Burg gewagt, und viele sind vor Furcht und Grauen umgekommen. Einmal hatte ein kühner Bursche schon den Mund der Schlange berührt und wollte auf die andere Erscheinung warten, da ergriff ihn Entsetzen, und er rannte bergab; zornig und raschelnd verfolgte sie ihn als Kröte bis auf den Krötenstuhl.

Sie bleibt übrigens die Länge der Zeit hindurch wie sie war und altert niemals. Als Schlange ist sie am gräßlichsten und nach dem Spruch des Volkes „groß wie ein Heubaum; als Kröte groß wie ein Backofen, und da spaucht sie Feuer".

***

Das mehrfache Auftauchen der Drei kennzeichnet die „Herzogstochter" als Dreifache Göttin oder als Fee, die mit der Göttin verbunden ist. Die anderweltliche Frau ist zu verblüffenden Metamorphosen fähig – und derartige Metamorphosen von Gottheiten oder Sídhe, auch solche scheinbar gräßlicher Art, sind in der keltischen Mythologie häufig anzutreffen.

Der Werwolfstein
(Sachsen-Anhalt)

Bei dem magdeburgischen Dorf Eggenstedt, unweit Sommerschenburg und Schöningen, erhebt sich auf dem Anger nach Seehausen zu ein großer Stein, den das Volk den Wolf- oder Werwolfstein nennt. Vor langer, langer Zeit hielt sich an dem Brandsleber Holze, das mit dem Hackel und dem Harz zusammenhing, ein Unbekannter auf, von dem man nie erfahren hat, wer er sei, noch woher er stamme. Überall bekannt unter dem Namen des Alten, kam er öfter ohne Aufsehen in die Dörfer, bot seine Dienste an und verrichtete sie zu der Landleute Zufriedenheit. Besonders pflegte er die Hütung der Schafe zu übernehmen. Es geschah, daß in der Herde des Schäfers Melle zu Neindorf ein niedliches, buntes Lamm fiel; der Unbekannte bat den Schäfer dringend und ohne Ablaß, es ihm zu schenken. Der Schäfer wollte es ihm aber nicht lassen. Am Tag der Schur benötigte Melle den Alten, der ihm dabei half; bei seiner Zurückkunft fand Melle zwar alles in Ordnung und die Arbeit getan, aber er sah weder den Alten noch das bunte Lamm.

Niemand wußte geraume Zeit von dem Alten. Endlich stand er einmal unerwartet vor Melle, welcher im Kattental weidete, und rief höhnisch: „Guten Tag, Melle, dein buntes Lamm läßt dich grüßen!" Ergrimmt ergriff der Schäfer seinen Krummstab und wollte sich rächen. Da wandelte plötzlich der Unbekannte die Gestalt und sprang ihm als Werwolf entgegen. Der Schäfer erschrak, aber seine Hunde fielen wütend den Wolf an, welcher entfloh; verfolgt entrann er durch Wald und Tal bis in die Nähe von Eggenstedt.

Dort umringten ihn die Hunde, und der Schäfer rief: „Nun sollst du sterben!" Da stand der Alte wieder in Menschengestalt da, flehte bittend um Schonung und erbot sich zu allem. Aber wütend stürzte der Schäfer mit einem Stock auf ihn ein – urplötzlich stand vor ihm ein aufsprießender Dornenstrauch. Auch so schonte der Rachsüchtige ihn nicht, sondern zerhieb grausam die Zweige. Noch einmal verwandelte sich der Unbekannte in einen Menschen und bat um sein Leben. Allein der hartherzige Melle blieb unerbittlich. Da versuchte der Alte, als Werwolf zu entfliehen, aber ein Streich des Melle streckte ihn tot zur Erde. Wo er fiel und beigescharrt wurde, bezeichnet ein Felsstein den Ort und heißt nach ihm auf ewige Zeiten.

***

Das bunte Lamm, das in sehr enger, geheimnisvoller Verbindung mit dem Alten steht, kennzeichnet diese Werwolfsage eindeutig als keltisch. Ein buntes, gescheckter Fell bei einem Tier zeigt an, daß dieses Tier andersweltlich ist, weshalb der Alte es auch unbedingt für sich haben will – und diese Metaphorik ist typisch keltisch, nicht germanisch. Ansonsten gibt es in dieser Metamorphosesage, was die Verwandlungen des Alten angeht, deutliche Parallelen zur walisischen Geschichte von der Göttin Ceridwen und ihrem Diener Gwion; beide verändern ihre Gestalt im Rahmen einer Verfolgungsjagd auf ähnliche Weise wie der Alte.

Die Wiesenjungfrau
(Hessen)

Ein Bursche von Auerbach an der Bergstraße hütete im Frühling seines Vaters Kühe auf der schmalen Talwiese, von der man das alte Schloß sehen kann.

Da schlug ihn auf einmal von hinten her eine weiche Hand sanft auf die Backe, daß er sich umdrehte – und siehe, eine wunderschöne Jungfrau stand vor ihm, von Kopf bis Fuß weiß gekleidet, und wollte eben den Mund auftun, ihn anzureden. Aber der Bursche erschrak, wie vor dem Teufel selbst, und nahm Reißaus ins Dorf hinein.

Weil indessen sein Vater bloß die eine Wiese hatte, mußte er die Kühe immer wieder zu derselben Weide treiben; er mochte wollen oder nicht. Es währte lange Zeit, und der Bursche hatte die Erscheinung bald vergessen; da raschelte etwas in den Blättern an einem schwülen Sommertag, und er sah eine kleine Schlange kriechen, die trug eine blaue Blume in ihrem Mund und fing plötzlich zu sprechen an: „Höre, guter Junge, du könntest mich erlösen, wenn du diese Blume nähmest, die ich trage, und die ein Schlüssel ist zu meinem Kämmerlein droben im Schloß, da würdest du Schätze die Fülle finden."

Aber der Bursche erschrak, da er sie reden hörte, und lief wieder nach Hause. Und an einem der letzten Herbsttage hütete er wieder auf der Wiese; da zeigte sie sich zum dritten Mal in Gestalt der ersten weißen Jungfrau und gab ihm wieder einen Backenstreich, bat auch flehentlich, er möchte sie doch erlösen, wozu sie ihm alle Mittel und Wege angab. Doch all ihr Bitten war für nichts und wieder nichts, denn die Furcht überwältigte den Burschen, daß er sich bekreuzigte und segnete, und er wollte nichts mit dem Gespenst zu tun haben.

Da tat die Jungfrau einen tiefen Seufzer und sprach: „Wehe, daß ich mein Vertrauen in dich gesetzt habe. Nun muß ich neuerdings harren und warten, bis auf der Wiese ein Kirschbaum wachsen und aus des Kirschbaumes Holz eine Wiege gemacht sein wird. Nur das Kind, das in der Wiege zuerst gewiegt wird, kann mich dereinst erlösen." Darauf verschwand sie, und der Bursche, so heißt es, sei nicht gar alt geworden; woran er gestorben, weiß man nicht.

***

Die Handlungszeit dieser Sage läuft vom Frühjahr über den Sommer bis zum Herbst; dies sind die drei Jahreszeiten, die im keltischen Denken den diesseitigen Teil des Lebenskreislaufes von der Geburt bis zum Tod umfassen. Ein weiteres Lebenskreislaufmotiv ist im Baum-Wiege-Zyklus enthalten. Ansonsten häuft sich in der Sage die Drei, was aussagt, daß der Bauernbursche es mit der Dreifachen Göttin oder mit einer ihr verbundenen Fee zu tun hat. Die Göttin oder Fee zeigt sich ihm nicht nur in ihrer weißen Jungfrauengestalt, sondern auch in einer Metamorphose als Schlange, die eine blaue Blume im Mund trägt, wobei mit den Farben Weiß/Geburt und Blau/Tod erneut die Lebenskreislaufsymbolik auftaucht.

„Die Salzmänner vom Dürrnberg" und andere Sagen mit besonderer Thematik

Heidenstadt und Wihtehöhle
(Bayern)

Nahe beim Örtchen Alberndorf, das nach Muggendorf eingepfarrt ist, liegt ein Platz von einigen tausend Schritten Umfang, den nennen die Umwohner die Heidenstadt, aber auch die Hundsbrücke. Gespenster und das wütende Heer haben sich dort häufig sehen und vernehmen lassen; altheidnisches Geld wurde dort gefunden von Kupfer wie vom besten Silber. Auf der Ebene sind eine große Anzahl trichterförmiger Gruben, Mauerreste finden sich noch – und nur eine oder zwei Viertelstunden davon entfernt ist der hohle Berg, sonst das hohle Loch genannt, jetzt aber nach einem Roman bisweilen auch Oswaldshöhle geheißen.

In dieser Höhle gibt es mancherlei ober- und unterirdisches Geklüft, insbesondere die Witzenhöhle mit einem natürlichen Wasserbecken, worin die Heiden, die hier einen Götzen verehrten, ihre Reinigungen vorgenommen haben sollen. Dieser Götze hieß Witte oder besser Wihte und war ein riesig gedachter Haingott, denn Wîhe war in der uralt-deutschen

Sprache das gleiche Wort für Hain wie für Tempel, weil andere Tempel nicht vorhanden waren, darin schon an sich der Begriff des Geweihten lag. Daher Wicht als Elementargeist, nicht gerade Zwerg; daher die alten Namen Witicho und Wittechind, daher unser Wort weihen; daher der Weihkessel in des Naturgottes Wihte Höhle, welche Benennung eine spätere Abwandlung der Sprache in Witzenhöhle verdarb; dahin deuten auch die vielen Witchensteine, meist sagenhafte Felsen in waldreicher Umgebung.

Will jemand dabei noch an die uralte Benennung der Unholde und runischen Hexenweiber als Pilwizen oder Bilbitzen denken, so wäre auch solche Deutung nicht uneben, aber der Wihte steht höher. Diese Höhle ist fünfhundert Schritte lang, so lang, als man vom oberen Tor in Bayreuth bis zum unteren zu gehen hat; in drangvoller Kriegszeit diente sie den Umwohnern als bergender Zufluchtsort. Manche haben auch von einem ehemals vorhandenen Bildnis des Wihte erzählt (...).

***

Zunächst einmal sieht es ganz so aus, als hätte es auf dem Areal der „Heidenstadt" eine bedeutende keltische Ansiedlung gegeben; die Münzfunde und vor allem die vielen trichterförmigen Gruben – wohl keltische Eisenverhüttungsstätten – deuten darauf hin. Ohne Weihestätten war eine solche Keltenstadt nicht denkbar, und das Hauptheiligtum scheint hier die sogenannte Witzenhöhle gewesen zu sein. Was allerdings einen Gott Witte oder Wihte angeht, so irrt Ludwig Bechstein, der die Sage interpretierte. Es gibt keine keltische Gottheit dieses Namens; vielmehr geht der Wortteil „Witzen" oder „Witz" in „Witzenhöhle" auf das keltische Wid zurück: Wissen oder Weisheit. In der Höhle mit ihrem Wasserbecken wirkten also Dru-Wid (Große Wissende) oder eben Druiden, was aber keineswegs ausschließt, daß dort auch eine oder mehrere Gottheiten verehrt wurden. Sollte es tatsächlich das Bildnis eines riesigen, ungeschlachten Gottes in der Höhle gegeben haben, so kämen angesichts dieser Beschreibung am ehesten der hünenhafte Gott Dagda oder Erc mit seiner Keule oder vielleicht auch der Donner- und Stiergott Taranis in Frage.

Neunerlei Dinge
(Bayern)

Zu Coburg ist mit neunerlei Dingen manch abergläubischer Brauch geübt worden.
Einige Edeljungfräulein stellten neunerlei Essen auf, und zwar in der Christnacht. Damit wollten sie zuwege bringen, ihre Liebhaber zu erschauen, und diese erschienen auch, aber jeder brachte ein Messer mit, und die Jungfrauen liefen erschrocken und schreiend davon. Einer warf den Fliehenden sein Messer nach; eine der Jungfrauen sah sich um, blickte den Werfer an und hob das Messer auf. Diese bekam dann auch

denselben Mann, dessen Gestalt ihr erschienen war; aber nicht immer glückte es so. Mancher Jungfrau, die sich solchen Zauberdinges unterfing, erschien ein unwillkommener Liebster. Es war der blasse Tod; der setzte sein Stundenglas vor sie hin, und sie mußte prophetisch schauen, wie ihr Leben rasch und noch im Jahreslaufe verrann.

Andere Jungfrauen daselbst nahmen, auch am Christabend, neunerlei Holz. Das zündeten sie an; dann entkleidete sich die eine, zog zuletzt auch noch ihr Hemd aus, warf es vor die Stubentür, setzte sich an das Feuer aus neunerlei Holz und sprach:
„Hier sitz' ich splitternackt und bloß;
wenn doch mein Liebster käme
und würfe mir mein Hemde in den Schoß."
Und da schaute ein Mannsbild zur Tür herein und warf das Hemd. Das war der nachmalige Freund der Magd. Jetzt hatten die anderen nichts eiliger, als es ihrer Freundin nachzutun; jede wollte die erste sein. Sie warfen ihre Hemden auch vor die Stubentür und setzten sich um das Feuer; nun aber kamen die entrückten Geister der Liebhaber alle auf einmal und begannen draußen gräßlichen Lärm und Hader, so daß den Mägden himmelangst wurde. Schnell löschten sie das Feuer aus neunerlei Holz, und keine wagte die Tür zu öffnen. Sie krochen ohne Hemden in die Betten. Am anderen Morgen fanden sie vor der

Tür ihre Hemden, alle durcheinandergewirrt und jedes in Fetzen. Keine bekam einen Mann.

***

Die heilige Zahl Neun der Kelten steht hier im Mittelpunkt verschiedener Rituale, welche es den jungen Frauen ermöglichen sollen, einen Blick in die Zukunft zu tun und so ihren künftigen Liebhaber zu erkennen. Und diese ovatische Übung, die freilich wie jeder Kontakt mit der Anderswelt nicht ungefährlich ist, findet an Weihnachten – also zur Wintersonnenwende – statt. Zu diesem Zeitpunkt nämlich beginnt das neue Sonnenjahr, und damit stehen die Chancen, etwas über die Ereignisse im kommenden Jahr zu erfahren, besonders gut.

Die Salzmänner vom Dürrnberg
(Salzburg)

In dem Salzberg, der am Dürrnberg (oder auch Dirnberg geschrieben) zwischen Berchtesgaden und Salzburg liegt, wurde im Jahr 1573 in dem Salzwerk in einer Tiefe von angeblich sechstausenddreihundert Schuh – wird wohl eine Null zuviel sein – ein Mann ausgegraben; neun Spannen lang, mit Fleisch, Bein, Haar, Bart und Kleidung, und war das Fleisch hart und gelb, wie etwa ein geselchter (geräucherter) Stockfisch. Damals stand ein schrecklicher Kometstern am Himmel.

Einen ebensolchen Mann hat man abermals ausgegraben im Jahr 1616 im St.-Georgen-Stollen in demselben Berg und hat ihn jahrelang beim Stollen Klemereis in einem Kämmerlein aufbewahrt, und haben damals viele Menschen zu ihren Zeiten selbige beiden Salzmänner gesehen.

Zuletzt aber haben diese Salzmänner angefangen zu riechen, wie die ägyptischen Mumien in der Altertümersammlung, die eine Zeitlang auf der Burg zu Nürnberg war oder noch ist, und man hat es für gut befunden, der Erde zurückzugeben, was der Erde schon seit undenklichen Jahren angehört, und die Salzmänner christlich begraben.

***

Das christliche Begräbnis war vermutlich eine spirituelle Vergewaltigung der Toten, denn höchstwahrscheinlich handelte es sich bei ihnen um keltische Bergleute aus heidnischer Zeit. Im Dürrnberg nämlich, er liegt in unmittelbarer Nähe von Hallein und auch nicht weit von Hallstatt, wurde bereits in der keltischen Epoche Steinsalz abgebaut. Dabei wurden die beiden Bergmänner wohl verschüttet und vom Salz mumifiziert.

Jettenbühel und Königsstuhl
(Baden-Württemberg)

Nahe bei Heidelberg liegt ein Hügel, heißt der Jettenbühel, ist ein Teil vom Geißberg, nicht weit vom

Königsstuhl, der sich hoch über Stadt und Tal erhebt.
(...)
Auf dem Königsstuhl soll schon vor Christi Geburt ein deutscher König regiert haben; seine Burg, so sagt man, habe Esterburg geheißen. Auf dem Jettenbühel aber habe das alte Heidelberger Schloß gestanden. In einer uralten Kapelle dort wohnte ein altes Weib, Jetta geheißen, und war eine Wahrsagerin, die sich von wenigen Menschen sehen ließ. Denen, welche kamen, ihre Zukunft von ihr zu erfahren, erteilte sie die Antwort aus dem offenen Fenster. Sie verkündete, ihr Hügel werde dereinst von königlichen Männern, deren Namen sie singend nannte, bewohnt werden, und das Tal unten werde von tätigem Volk wimmeln. Eines Tages stieg Jetta zum Fuß des Geißberges hinab, nach Schlierbach zu, wo ein Brunnen quoll, den sie gern besuchte. Da lag eine Wölfin am Brunnen; die säugte Junge, zerriß und fraß die Jetta. Der Brunnen heißt noch bis heute der Wolfsbrunnen.
(...)
Gegenüber dem Kaiserstuhl liegt jenseits des Neckar ein Berg, der heißt Allerheiligen- oder Heiligenberg, darin sind viele Höhlengänge und unterirdische Klüfte. Schon zu Römerzeiten soll auf dem Berg ein Tempel gestanden haben, ein Pantheon der Heiden, und die unterirdischen Gänge sollen einem Orakel gedient haben. Sie werden noch die Heidenlöcher genannt und sind von Erdzwergen bewohnt.

Von dem Heidentempel aber hat der Heiligenberg keineswegs seinen Namen, sondern von Kirchen und Klöstern, die man in späterer Zeit auf ihm erbaute. Denn als die Christenreligion in diese Gegenden drang, da schenkte der deutsche König Ludwig III. (regierte 877 bis 882) dem benachbarten Kloster Lorsch den Berg zum Eigentum. Da wurde dem heiligen Michael zu Ehren eine Kirche hinaufgebaut, allein sie ging wieder ein. Zwei Benediktinerklöster, eins nach dem anderen, wurden erbaut und gingen wieder ein. Eine Kirche, dem heiligen Stephan geweiht, ging ein, und noch eine Kirche, dem heiligen Laurentius geweiht, ging wieder ein. Es war, als ob die alten Heidengötter auf ihrem Berg einen unsichtbaren, gewaltigen Kampf führten gegen das Christentum und es auf ihrem Sitz nicht duldeten, und jetzt sind die heiligen Stätten wüst und öde, und nur die Heidenlöcher sind noch vorhanden.

***

Ein König, der in vorchristlicher Zeit auf dem Königsstuhl herrschte, kann nur ein keltischer Fürst gewesen sein; in Sichtweite dieses Herrschersitzes lebte offenbar die Ovatin „Jetta", wenn auch keineswegs in einer christlichen Kapelle, sondern in ihrem Druidenheiligtum nahe einer Sakralquelle. Daß „Jetta", die ihre Prophezeiungen singend – also auf bardische Art – abgab, von einer säugenden Wölfin getötet wurde, erinnert an die Druidenverfolgungen durch die Römer: die „Abkömmlinge" der römischen Wölfin, die Romulus und Remus nährte. – Der Name Allerheiligenberg (das christliche Fest Allerheiligen wird am 1. November gefeiert) deutet auf einen Platz hin, wo vor der Christianisierung keltische Samhain-Rituale durchgeführt wurden. Mit den Samhain-Ritualen korrespondieren die Erdzwerge (Sídhe), die im Inneren dieses Berges wohnen und nach keltischem Glauben an Samhain in der Diesseitswelt erscheinen. In vorrömischer Zeit lebten auf dem Allerheiligenberg offenbar ebenfalls Ovaten, die später wohl von römischen Orakelpriesterinnen abgelöst wurden. – Der ganz reale Untergang der christlichen Kirchen und Klöster auf dem Berg schließlich hat seine Entsprechung im britannischen Twr von Avalon im heutigen Glastonbury, wo sich mehrere christliche Sakralbauten ebenfalls nicht halten konnten.

Die Sibyllenhöhle
(Baden-Württemberg)

Am Burgberg des alten Schlosses Teck, welches ein Stammsitz der alten württembergischen Herrscher war, findet sich eine Felshöhle, welche die Leute das Sibyllenloch nennen und sagen, daß vorzeiten eine der alten berühmten Sibyllen ihre Wohnung darin gehabt und geweissagt habe. Auch soll in der Höhle ein großer Schatz ruhen und von einem schwarzen Hund bewacht werden (...). Nicht selten nennt die Sage geisterhafte Baum- und Höhlenbewohnerinnen

Sibyllen (...) und läßt sie weissagen; jedenfalls ein Nachhall arunischer Zauberfrauen aus grauer Vorzeit und erst durch die Sibyllenbücher entstanden.

Den Schatz in der Sibyllenhöhle am Berg Teck wollten im Schmalkaldischen Krieg einige spanische Soldaten heben, die davon gehört hatten (...). Sie bekamen aber für ihre Mühe einen sehr schlechten Lohn; so berichtet treuherzig die alte Überlieferung, verschweigt aber, worin außer zerfetzten Kleidern und blauen Flecken selbiger Lohn bestand.

Die Sibyllenhöhle soll sich bis herab nach Owen erstrecken und in das Erdbegräbnis der alten Herzöge von Teck hineinreichen. Eine zweite Höhle an der Teck (der Berg heißt: die Teck) von weniger altertümlichem und poetischem Ruf ist das Frena-Bruklins-Loch, darin vorzeiten auch eine Frau gewohnt haben soll, und zwar mit drei Kindern, lange Zeit.

Man zeigt auch noch die Wagenspur der Sibylle und nennt diese Sibyllenfahrt; alles Feld, darüber sie fuhr, bleibt vierzehn Tage länger grün als das übrige Land.

***

Ludwig Bechstein, welcher diese Sage aufzeichnete, schätzte die Bezeichnung Sibyllenloch ganz richtig ein: Der Name Sibyllen für heidnische Hellseherinnen kam in Deutschland erst in der Frühen Neuzeit auf. Richtig müßte die Höhle Ovatinnenloch heißen, denn die Sage bewahrt eindeutig die Erinnerung an eine weissagende, mit der Großen Göttin verbundene Druidin; vielleicht auch an mehrere solcher Ovatinnen, die in einem Höhlenheiligtum lebten. Ein deutlicher Hinweis auf den keltischen Ursprung der Sagen um die Teck-Höhlen ist die Frau mit den drei Kindern; ebenso der typisch keltische (Streit)wagen, den die Ovatin benutzt. Und wenn das Land, das die Druidin durchfährt, länger grünt als die umliegenden Felder, so wird auch darin wieder das segensreiche Wirken der Göttin kenntlich.

Der Schlangenkönig
(Baden-Württemberg)

Man hat Beispiele, daß der Schlangenkönig, der ein prächtiges Goldkrönlein auf seinem Haupt trägt, sich bei Kindern eingefunden und mit von ihrer Milch gespeist hat. So bei einem Seiler in Stuttgart, welcher den Schlangenkönig aber sehr ungastfreundlich erschlug und durch die Krone unermeßlich reich wurde und das Haus an der neuen Brücke erbaute, welches jetzt das Gutbrodsche heißt. Solche Häuser, deren Erbauer auf gleiche Art reich geworden sind, soll es dort zu Stuttgart noch mehrere geben.
Wenn der Schlangenkönig in einen Bach geht, um zu baden, legt er jedesmal sein Krönlein am Ufer ab. Wer dieses findet und nimmt, der muß die Beine auf die Achsel nehmen und laufen, was er kann, denn sobald der Schlangenkönig den Verlust seiner

Krone bemerkt, so will er sie wiederhaben, was ihm niemand verdenken kann, und schießt wie ein Pfeil hinter dem Räuber her. Holt er diesen ein, so ist der Räuber verloren; holt er ihn nicht ein, so macht die Krone den Kronenräuber unermeßlich reich. (...)
Kann der Schlangenkönig seine Krone nicht wiedererlangen, so kehrt er zu der Stelle zurück, wo sie ihm geraubt wurde, und grämt sich und stirbt, denn er kann den Verlust der Krone nicht ertragen (...).

***

In inselkeltischen und gallischen Mythen tauchen häufig sogenannte Schlangeneier auf: geheimnisvolle runde Gebilde, welche demjenigen, der sie heiligen Schlangen unter Lebensgefahr raubt, große Weisheit schenken. In der vorliegenden Sage tritt die Krone des Schlangenkönigs an die Stelle des Schlangeneis; ansonsten deckt sich die Kernaussage des Textes mit den anderen keltischen Schlangenei-Überlieferungen.

Vom Ursprung des Rheins
(Schweiz)

Schon die Alten sagten (vom Rhein): Die Donau ist aller Wasser Frau, doch kann wohl der Rhein mit Ehren ihr Mann sein. (...) Anwohner (des Rheins) brachten dem heiligen Strom ihr Liebstes, Pferde, zum Opfer dar.

Durch Hohenrätiens Alpentalschluchten stürzt sich der Rhein mit jugendlichem Ungestüm, frei und ungebunden, umwohnt von einem freien Bergvolk, das in Vorzeittagen hartlastende, schwerdrückende Fesseln brach. Da zwang ein Kastellan auf der Bärenburg die Bauern, mit den Schweinen aus einem Trog zu essen; ein anderer zu Fardün trieb ihnen weidende Herden in die Saat, andere übten noch andere Frevel. Da traten Hohenrätiens Männer zusammen, Alte mit grauen Bärten, und hielten Rat im Nachtgrau unter den grauen Alpen. Auf einer felsumwallten Wiese unfern Tovanosa will man noch Nägel in den Felsritzen erblicken, an welche die Grauen, die Dorfältesten, ihre Brotsäcke hingen. Und dann tagten sie in Bruns vor der St.-Annen-Kapelle unter dem freien Himmel, unter der großen Linde, nach der Väter Sitte, und beschworen den Bund, der dem alten Land den neuen Namen gab, den Namen Graubünden. (...)

***

Die Sage erzählt von der Unterdrückung der Graubündner Bauern im Mittelalter, einzelne Motive jedoch sind keltisch. So die Donau als Frau – bzw. Mutter – aller Gewässer und damit letztlich als Göttin Dana oder Ana; die Zusammenkunft der Alten bei der Annen-Kapelle, wohl einer ehemals heidnischen Weihestätte wiederum der Göttin Ana; schließlich auch die Pferdeopfer im Rhein, die keltisch oder keltogermanisch sind.

Von Drachen und Lindwürmern
(Schweiz)

Auf dem hohen Pilatus hat es Drachen und Lindwürmer vollauf gegeben, die hausten in unzugänglichen Höhlen und Schluchten des gewaltigen Alpenbergstocks. Oft haben Schiffer auf den Seen sie mit feurigen Rachen und langen Feuerschweifen vom Pilatus herüber nach dem Rigi fliegen sehen. Solch ein Drache flog einstmals in der Nacht vom Rigi zurück nach dem Pilatus. Ein Bauer, der die Herden hütete, sah ihn, und da ließ der Drache einen Stein herunterfallen, der war wie eine Kugel geformt und glühend heiß; der war gut gegen allerlei Krankheit, wenn man davon eine Messerspitze voll abschabte und dem Kranken eingab. Zu anderer Zeit hat man einen gräßlich großen Drachen aus dem Luzerner See die Reuß hinaufschwimmen sehen.

Einstmals ging ein Küfer aus Luzern auf den Pilatus, Reifholz und Holz für Faßdauben zu suchen; er verirrte sich, die Nacht überfiel ihn, und mit einem Male fiel er in eine tiefe Schlucht hinab. Drunten war es schlammig, und als es Tag wurde, sah er zwei Eingänge in der Tiefe zu großen Höhlen, und in jeder dieser Höhlen saß ein greulicher Lindwurm. Diese Würmer flößten ihm viel Furcht ein, aber sie taten ihm kein Leid; sie leckten bisweilen an den feuchten, salzigen Felsen, und das mußte der Küfer auch tun.

Damit fristete er sein Leben, und das dauerte einen ganzen Winter lang.

Als der Frühling ins Land kam, machte sich der größere Lindwurm auf und flog aus dem feuchten Loch heraus mit großem Rauschen; der andere, kleinere kroch immer um den Küfer herum, liebkoste ihn gleichsam, als wollte er ihm zu verstehen geben, daß er doch auch mit heraus sollte. Der arme Mann gelobte Gott und dem heiligen Leodager in der Stiftskirche im Hof zu Luzern ein schönes Meßgewand, wenn er der Drachengrube entrinne. Und als der zweite Drache sich anschickte, aufzufliegen, hing er sich ihm an den Schweif und fuhr mit auf; kam also wieder an das Licht, ließ sich oben los und fand sich wieder bei den Seinen. Doch lebte er nicht mehr lange, weil er der Nahrung ganz entwöhnt war. (...)

***

Das Motiv der beiden Drachen, die in der Tiefe der Erde in zwei Höhlen hausen, taucht auch in den britannischen Merlin-Überlieferungen auf. Die britannischen Drachen, ein roter und ein weißer, sollen Merlin zu seiner berühmten Drachenprophezeiung inspiriert haben. Auf den keltischen Ursprung der christlich übertünchten Schweizer Sage weist zudem der Begriff Lindwurm hin. Das keltische Wort Lindos/Lind bezeichnet einen See oder Teich; ein Lindwurm ist also ein Drache, der entweder im Wasser oder in dessen Nähe lebt.

Der Schlangenring
(Schweiz)

Kaiser Karl, da er in Zürich in einem Haus „Zum Loche" genannt wohnte, ließ eine Gerichtssäule aufrichten mit einer Glocke und einem Seil daran und gebot, wer Recht begehre, der solle an dem Seil ziehen und die Glocke läuten. (...) Nun geschah es eines Tages, daß die Glocke erklang und des Kaisers Diener zur Säule eilten; da fanden sie niemand. Bald aber erschallte die Glocke von neuem, fort und fort, und der Kaiser sandte abermals hin.

Da fanden die Diener eine große Schlange, die hatte das Seil im Rachen und läutete. Als die Diener dieses Wundersame dem Herrn mitteilten, erhob er sich und wollte auch dem Tier Recht sprechen, sofern dieses solches begehre. Und siehe, der Wurm neigte sich vor dem Kaiser und wandelte von der Säule fort zum Rand eines Gewässers; dort fanden sie das Schlangennest, und auf den Eiern der Schlange saß eine übergroße Kröte, die wollte nicht herab. Da gebot der Kaiser, ein Feuer anzuschüren, die Kröte mit Zangen zu packen und sie zu verbrennen.

Nachdem dies geschehen war und der Kaiser eines Tages bei Tische saß, ringelte sich dieselbe Schlange ins Gemach, kroch zur Tafel hin, hob von einem Pokal den Deckel und ließ einen Ring mit einem kostbaren Edelstein aus ihrem Mund hineinfallen, verneigte sich gegen den Kaiser und schlüpfte schnell von dannen. Kaiser Karl nahm den Ring und schenkte ihn seiner Gemahlin Fastrada, die er sehr liebte und nun noch mehr liebte, denn es lag in dem Schlangenring ein geheimnisvoller, wundersamer Zauber. Auch gebot der Kaiser, an dem Ort, wo er der Schlange Recht gesprochen, eine Kirche zu erbauen; dies geschah, und man nannte dieselbe „Wasserkilch".

Mit unsterblicher Liebe liebte Kaiser Karl seine Gemahlin Fastrada, bis sie erkrankte und starb. Dies geschah zu Frankfurt am Main, wo ihr Leichnam erhoben und gen Mainz geführt wurde, um ihn dort zu bestatten. Aber der Kaiser wich nicht von der Verstorbenen und duldete nicht, daß man sie von ihm entferne, denn es fesselte ihn ein Zauber: wie zuvor an die Lebende, so jetzt an die Tote. Da wurde es dem kaiserlichen Gefolge auf die Dauer ganz unerträglich, fort und fort den Gestank der Verwesung zu atmen. Und endlich ahnte der weise Turpin, des Kaisers Oheim und Bischof von Mainz, daß hier ein Zauber walte. Er suchte und fand im Mund der Toten (...) den Ring mit dem Edelstein, den damals zu Zürich die Schlange in des Königs Becher gesenkt hatte, und nahm den Ring an sich.

Alsbald wich der Zauber von Fastradas Leichnam. Bislang war sie dem Kaiser noch immer schön, frisch und blühend wie eine Schlafende erschienen, weshalb er sie auch nicht zu bestatten erlaubt hatte –

aber jetzt erbebte er vor ihrem Anblick und wollte sie nicht mehr sehen. Also wurde Fastrada bestattet, doch nun wandte sich Karls ganze Liebe dem Erzbischof zu, der jetzt schon wußte, woher diese Neigung stammte. Und als Erzbischof Turpin mit dem Kaiser gen Aachen zog, da sah er unter dem Frankenberge einen schönen See; der war still, tief und geheimnisvoll. Da hinein warf Turpin den Schlangenring.
Alsbald entwich die Zauberliebe aus Karls Herzen und richtete sich nun auf diesen See. Er ließ ein Schloß zu seiner Wohnstätte auf dem Berg über dem See erbauen, da weilte er nun immerdar. (...)

***

Die mit dem Wasser verbundene Schlange ist ein andersweltliches Wesen; der Ring, den sie dem Kaiser schenkt, besitzt die Kraft, die diesseitige Realität und damit auch die menschliche Wahrnehmung zu verändern, so daß etwa Karls Liebe zu Fastrada über deren Tod hinaus Bestand haben kann.

Weitere keltische Motive sind der Pokal, in den die Schlange den Ring legt: der keltische Kessel; ebenso der ganz augenscheinlich mit Annwn verbundene See, in welchen der Ring zuletzt geworfen wird, wobei hier das Auftreten des Erzbischofs christliche Übertünchung ist.

Was schließlich die Kirche mit dem Namen „Wasserkilch" angeht, so wurde diese vermutlich an der Stelle eines heidnischen Gewässerheiligtums erbaut.

Der Riesenfinger
(Thüringen)

Am Strand der Saale, besonders in der Nähe von Jena, lebte ein wilder und böser Riese; auf den Bergen hielt er seine Mahlzeit, und auf dem Landgrafenberg heißt noch ein Stück „Der Löffel", weil er da seinen Löffel fallen ließ. Er war auch gegen seine Mutter böse, und wenn sie ihm Vorwürfe über sein wüstes Leben machte, so schalt und schmähte er sie und ging nur noch ärger mit den Menschen um, die er Zwerge nannte.

Einmal, als seine Mutter ihn wieder ermahnte, wurde er so wütend, daß er mit den Fäusten nach ihr schlug. Aber bei diesem Greuel verfinsterte sich der Tag zu schwarzer Nacht; ein Sturm zog daher, und der Donner krachte so fürchterlich, daß der Riese niederstürzte. Alsbald fielen die Berge über ihn her und bedeckten ihn, aber zur Strafe wuchs der kleine Finger ihm aus dem Grabe heraus. Dieser Finger aber ist ein langer, schmaler Turm auf dem Hausberg, den man jetzt den „Fuchsturm" nennt.

***

Ein Fomorier rebelliert gegen seine Mutter, die Große Göttin. Sie vernichtet ihn mit Hilfe des Donnergottes Taranis und nimmt ihn dann wieder in ihren Erdmutterschoß auf – doch zur Warnung an andere Fomorier ragt sein Finger noch aus der Erde heraus.

Der Wartburger Krieg
(Thüringen)

Auf der Wartburg bei Eisenach kamen im Jahr 1206 sechs tugendhafte Sänger zusammen und dichteten die Lieder, welche man hernach nannte: den Krieg zu der Wartburg. Die Namen der Meister waren: Heinrich Schreiber, Walter von der Vogelweide, Reimar Zweter, Wolfram von Eschenbach, Biterolf und Heinrich von Ofterdingen. Sie sangen aber und stritten von der Sonne und dem Tag, und die meisten verglichen Hermann, den Landgrafen von Thüringen und Hessen, mit dem Tag und setzten ihn über alle Fürsten. Nur der einzige Ofterdingen pries Leopold, den Herzog von Österreich, noch höher und stellte ihn der Sonne gleich. Die meisten hatten aber untereinander abgemacht: Wer im Streit des Singens unterliege, der solle des Hauptes verfallen, und Stempfel, der Henker, mußte mit dem Strick daneben stehen, daß er ihn alsbald aufhängte.

Heinrich von Ofterdingen sang nun klug und geschickt; allein zuletzt wurden ihm die anderen überlegen und fingen ihn mit listigen Worten, weil sie ihn aus Neid gern von dem Thüringer Hof weggebracht hätten. Da klagte er, daß man ihm falsche Würfel vorgelegt, womit er habe verspielen müssen. Die fünf anderen riefen Stempfel, der sollte Heinrich an einen Baum hängen. Heinrich aber floh zur Landgräfin So-

phia und barg sich unter ihrem Mantel; da mußten sie ihn in Ruhe lassen, und er vereinbarte mit ihnen, daß sie ihm ein Jahr Frist gäben. So wolle er sich aufmachen nach Ungarn und Siebenbürgen und Meister Klingsor holen; was der urteile über ihren Streit, das solle gelten. Dieser Klingsor galt damals für den berühmtesten deutschen Meistersänger, und weil die Landgräfin dem Heinrich ihren Schutz bewilligt hatte, so ließen sie sich alle die Sache gefallen.
Heinrich von Ofterdingen wanderte fort (...) und kam nach Siebenbürgen zu dem Meister, dem er die Ursache seiner Fahrt erzählte und ihm seine Lieder vorsang.
Klingsor lobte diese sehr und versprach ihm, mit nach Thüringen zu ziehen und den Streit der Sänger zu schlichten. Unterdessen verbrachten sie die Zeit mit mancherlei Kurzweil, und die Frist, die man Heinrich bewilligt hatte, nahte sich ihrem Ende. Weil aber Klingsor immer noch keine Anstalten zur Reise machte, so wurde Heinrich bang und sprach: „Meister, ich fürchte, Ihr laßt mich im Stich, und ich muß allein und traurig meine Straße ziehen; dann bin ich ehrenlos und darf zeitlebens nimmermehr nach Thüringen." Da antwortete Klingsor: „Sei unbesorgt! Wir haben starke Pferde und einen leichten Wagen, wollen den Weg in Kürze gefahren haben."
Heinrich konnte vor Unruhe nicht schlafen; da gab ihm der Meister abends einen Trank ein, daß er in

tiefen Schlummer sank. Darauf legte er ihn in eine lederne Decke und sich dazu und befahl seinen Geistern, daß sie ihn schnell nach Eisenach im Thüringer Land schaffen sollten, auch in dem besten Wirtshaus niedersetzen. Das geschah, und sie brachten ihn in den Helgrevenhof, ehe der Tag erschien. Im Morgenschlaf hörte Heinrich bekannte Glocken läuten, er sprach: „Mir ist (...) als ob ich zu Eisenach wäre."
– „Dir träumt wohl", sprach der Meister; Heinrich aber stand auf und sah sich um, da merkte er schon, daß er wirklich in Thüringen war. (...)
Bald wurde nun die Ankunft der beiden Gäste auf der Wartburg bekannt; der Landgraf befahl, den fremden Meister ehrlich zu empfangen und ihm Geschenke zu bringen. Als man den Ofterdingen fragte, wie es ihm ergangen und wo er gewesen, antwortete er: „Gestern ging ich zu Siebenbürgen schlafen, und zur Metten war ich heute hier; wie das zuging, habe ich nicht erfahren." So vergingen einige Tage, ehe die Meister singen würden und Klingsor über sie richten sollte; eines Abends saß Klingsor in seines Wirtes Garten und schaute unverwandt die Gestirne an. Die Herren fragten, was er am Himmel sähe? Klingsor sagte: „Wisset, daß in dieser Nacht dem König von Ungarn eine Tochter geboren werden soll; die wird schön, tugendreich und heilig und dem Sohn des Landgrafen zur Ehe vermählt werden."

Als diese Botschaft Landgraf Hermann hinterbracht worden war, freute er sich und entbot Klingsor zu sich auf die Wartburg, erwies ihm große Ehre und zog ihn zum fürstlichen Tische bei. Nach dem Essen ging Klingsor aufs Ritterhaus, wo die Sänger saßen, und wollte Heinrich von Ofterdingen ledig machen. Da sangen Klingsor und Wolfram mit Liedern gegeneinander, aber Wolfram tat so viel Sinn und Behendigkeit kund, daß ihn der Meister nicht überwinden mochte. Klingsor rief einen seiner Geister, der kam in eines Jünglings Gestalt. „Ich bin müde geworden vom Reden", sprach Klingsor, „da bringe ich dir meinen Knecht, der mag eine Weile mit dir streiten, Wolfram." Da hob der Geist zu singen an, vom Anbeginn der Welt bis auf die Zeit der Gnaden. Aber Wolfram wandte sich zu der göttlichen Geburt des ewigen Wortes; und wie er kam, von der heiligen Wandlung des Brotes und Weines zu reden, mußte der Teufel schweigen und von dannen weichen. Klingsor hatte alles mit angehört, wie Wolfram mit gelehrten Worten das göttliche Geheimnis besungen hatte, und glaubte, daß Wolfram wohl auch ein Gelehrter sein möge.

Hierauf gingen sie auseinander. Wolfram hatte seine Herberge in Titzel Gottschalks Haus, dem Brotmarkt gegenüber mitten in der Stadt. Nachts, wie er schlief, sandte ihm Klingsor von neuem seinen Teufel, daß er ihn prüfen sollte, ob er ein Gelehrter

oder ein Laie wäre; Wolfram aber war bloß gelehrt in Gottes Wort, ansonsten einfältig und anderer Künste unerfahren. Da sang ihm der Teufel von den Sternen des Himmels und legte ihm Fragen vor, die der Meister nicht aufzulösen vermochte; und als er nun schwieg, da lachte der Teufel laut und schrieb mit seinem Finger auf die steinerne Wand, als ob sie ein weicher Teig gewesen wäre: „Wolfram, du bist ein Laie Schnippenschnapf!"
Darauf entwich der Teufel, die Schrift aber blieb in der Wand stehen. Weil jedoch viele Leute kamen, die das Wunder sehen wollten, verdroß es den Hauswirt; er ließ den Stein aus der Mauer brechen und in die Horsel werfen. Klingsor aber, nachdem er dieses ausgerichtet hatte, beurlaubte sich von dem Landgrafen und fuhr mit Geschenken und Gaben belohnt samt seinen Knechten in der Decke wieder weg, wie und woher er gekommen war.

***

Deutliche Hinweise auf den keltischen Kern der Sage enthalten bereits die Zahlenangaben am Anfang. Die Quersumme der Jahreszahl 1206 ist die Neun, und diese Neun plus die Sechszahl der Sänger ergibt die Fünfzehn. 15 aber ist 3 x 5, so daß wir es hier also mit zwei heiligen Zahlen der Kelten zu tun haben: der Drei für die Dreifache Göttin und der Fünf, welche für die druidische Kosmologie steht. – Dem völlig entsprechend, ist Klingsor als Barde und Ovate der Dreifachen Göttin sowie der Anderswelt innig verbunden und beweist darüber hinaus eindrucksvoll sein druidisches Können. In der ursprünglichen, noch nicht christlich-mittelalterlich überarbeiteten Sagenfassung ist Klingsor also zweifellos ein heidnischer Druide, dem ein Christ im geistigen Zweikampf letztlich nichts entgegenzusetzen hat. – Erhellend in diesem Zusammenhang sind auch die Wohnstätten der Kontrahenten in Eisenach. Klingsor wohnt im heidnischen Helgrevenhof, übersetzt: Unterwelts- oder Andersweltsgrafenhof, wobei das Wort Hel allerdings germanisch ist; der Christ Wolfram wiederum wohnt im Haus eines Mannes namens Gottschalk, was übersetzt nichts anderes als Gottesknecht bedeutet.

Der Wechselbalg zu Großwitz
(Thüringen)

Bei Saalfeld waren Burschen und Mädchen in einer Spinnstube versammelt und alle fröhlich, bis auf eine Kindsmagd im selben Hause; die war mürrisch und verdrießlich, weil sie gar zu große Not mit dem stets schreienden und mißgestalteten Kind ihrer Dienstherrschaft hatte, welches ein Wechselbalg war.
Hinten im Hofe war ein alter, halbverfallener Keller, in welchem sich bisweilen ein Licht sehen ließ, und das geschah auch am selben Abend, wo die Burschen und Mädchen in der Spinnstube saßen, und da sagten die Mädchen, die Burschen sollten doch hineingehen in den Keller und nachsehen, was das für ein Licht sei. Die Burschen hatten aber keine Lust

und sagten, die Mädchen sollten doch hineingehen, und die es tue, solle einen nagelneuen Rock gekauft bekommen, nur ein Wahrzeichen müsse sie mit herausbringen. Keine der Jungfern hatte Lust, bis auf die Verdrießliche, welche sagte: „Wenn ihr mir den kleinen Schreibalg da so lange halten wollt, will ich schon gehen."

Dies ward zugesagt und getan, und die Magd ging; der Keller stand auf, und in der Tiefe schimmerte ein Licht. Da nun die Magd hineinblickte, ob alles sicher sei, so grölzte es hinten hervor: „Guckst du, so werf' ich!" Ganz erschrocken aber versetzte die Magd: „Wirfst du, so fang' ich!"

Das wiederholte sich noch zweimal, und die Magd hob ihre Schürze auf, und da flog etwas Dunkles aus der Höhle hervor und plumpste schwer in ihre Schürze und zappelte – und war ein kleines Kind. Das war Wahrzeichens genug; eilig trug die Magd das Kind vor ins Haus, und wie alle es voll Verwunderung ansahen, trat die Hausfrau dazu und hub an zu schreien: „Mein Kind, mein liebes Kind! Wie ist es wieder so schön geworden!" Und es war wirklich dieser Frau ihr Kind, und der Wechselbalg in der Wiege war auf und davon. (...)

***

In dieser Sage werden die Grenzen zwischen den Welten durchlässig, so daß ein – christlich verzerrtes – Sídhekind vorübergehend im Diesseits und ein Menschenkind in der Anderswelt leben kann.

Das rote Mäuslein
(Thüringen)

Nicht weit von Saalfeld liegt ein Ort mit einem Rittersitz, Unterwirrbach, da wurde ein Knecht gar häufig und sehr von der Alptrude gedrückt und konnte gar keinen Frieden haben, und schlug auch kein Mittel an, denn das unfehlbare, das Verstopfen des Schlüsselloches (...) kannte und erfuhr er nicht.

Da schälte einmal das Gesinde spätabends in der Stube Obst, und da kam eine Magd der Schlaf an, und sie legte sich auf die Bank, ein wenig zu ruhen. Wie sie nun eine Weile dort gelegen hatte und einige hinsahen, ob sie schlief oder ob sie nicht bald wieder aufwachen werde – siehe, da kroch der schlafenden Magd ein rotes Mäuslein zum Mund heraus, daß sich alle entsetzten und einander anstießen und sich's zeigten.

Das Mäuslein lief am Wandgetäfel hinauf an das Fensterbrett, dort klaffte ein Fenster, und husch war es hinaus. Eine Zofe, die bei dem Gesinde saß und Äpfel schälen und auch essen half, war neugierig und wollte die Schlafende wecken; die anderen aber sagten ihr, sie solle das nicht tun, es sei vielleicht nicht gut. Sie ließ sich aber nicht abhalten und ging doch hin und rüttelte die Schlafende – die lag aber starr, wie recht eigentlich entseelt, obschon sie sich noch nach einer anderen Stelle hin bewegen ließ.

Bald hernach kam das rote Mäuslein wieder durchs Fenster hereingeschlüpft (...), aber es fand nicht mehr an der Stelle, wo es ausgekrochen war, den Mund der Magd, lief ängstlich hin und her, und endlich verschwand es. Die Magd aber erwachte nimmer zum Leben, sie war jetzt tot und blieb tot – vergebens bereute die Zofe ihren Vorwitz.

Es war aber dieselbige Magd eine Trude gewesen, die den Knecht im Schlaf gedrückt hatte, denn seit sie tot war, blieb er von allem Alp- und Trudendrükken frei.

***

Das rote Mäuslein ist der Geist der schlafenden Magd, den sie auf druidisch-schamanistische Weise nach Annwn sendet. Weil die unwissende Zofe leichtfertig eingreift, kann der Geist der Magd, der zugleich Träger ihrer roten Lebenskraft ist, nicht mehr in ihren Körper zurückfinden, und sie stirbt. – Daß Truden, also Druiden, andere Menschen durch Alpdrücken quälen, ist ein weitverbreiteter Aberglaube; er hängt mit der Verteufelung des Heidentums durch das Christentum zusammen.

Die Spinne im Mund der Trude
(Baden-Württemberg)

Einstmals sind zwei Weiber aus Betzingen miteinander zum Grasschneiden gegangen, und als sie an einem Rain von ihrer Arbeit ausruhten, klagte die eine über große Müdigkeit und schlief ein. Die andere aber blieb munter und wunderte sich, daß ihre Gefährtin so sehr schläfrig war.

Auf einmal nahm sie mit Staunen wahr, daß der schlafenden Frau eine Spinne aus dem Mund herauskroch und sich bald im Gras des Rains verlor. Daraufhin stieß sie die Schlafende an und wollte sie wecken, um ihr das Gesehene mitzuteilen. Aber jene erwachte nicht, sondern lag stocksteif da; gleich (...) der Magd zu Unterwirrbach bei Saalfeld, der das rote Mäuslein aus dem Mund gekrochen war.

Es dauerte eine ganze halbe Stunde, da kam die Spinne wieder und kroch der Schlafenden in den offenen Mund hinein. Gleich darauf erwachte sie und raffte sich auf, wieder ihrer Arbeit nachzugehen. Der Gefährtin aber grauste; sie wußte nun, daß die andere eine (...) Trude war, die vorübergehend anderswo geweilt hatte.

***

Wie in der vorhergehenden Sage schickt auch hier eine Druidin ihren Geist – symbolisiert durch die Spinne – auf eine Schamanenreise.

Die wilde Bertha
(Thüringen)

In der Gegend um Saalfeld, im Saaletal, auf der Heide, in den Bergwerken von Kamsdorf, im Orlagau und nach dem Vogtland hinüber (...) läßt die Sage des Volkes zahlreiche mythische Wesen in abgesonderten Gruppen bestehen. Diese bilden das Volk der Riesen und der Zwerge, letztere als Bergmännchen; der Haus- und Hilfsgeister als Heimchen, der Wichtlein, Moosmänner, Holz- und Moosweibel als scheue Waldzwerge, die der wilde Jäger fast beständig in der Hurre hält, jagt und tötet. (...) Sodann die Drachen, die Saalenixen und endlich der wilde Jäger selbst mit seiner Jagdfrau, der wilden Bertha. Er hat keinen bestimmten Namen, nur einmal halb verbürgt begegnet er unter dem Namen Berndietrich; sie aber heißt auch die eiserne Bertha, die Bildabertha, Hildabertha (Hulde-Bertha?) und im südlichen Deutschland Perchta und Prechta.

Bertha, Jäger und Moosleute erscheinen zottelig, ungekämmt, struppig, und die Hildabertha hat ganz die Eigenschaften der Hulda, die um den Hörseelenberg (Hörselberg) jagt, faulen Mägden den Flachs verwirrt und den Rocken zerzaust, besonders am letzten Tag im Jahr. Manche Leute sollen deshalb an diesem Tag Klöße und Hering essen (...), und den Kindern, die sie ohnehin viel mit Bertha zu fürchten machen, sagen, wenn sie das nicht äßen, komme die wilde Bertha, schneide ihnen den Bauch auf, nähme heraus, was darinnen, und nähe den Bauch wieder zu, wobei sie sich statt der Nähnadel einer Pflugschar und statt des Heftfadens einer Hemmkette bediene.

Es hat aber das Heringsessen am letzten Tag des Jahres noch einen weit verbreiteteren Grund, indem die Leute den Glauben haben, der Rogen des Herings, an diesem Tag genossen, bringe im nächsten Jahr Geld; aus dem gleichen Grund werden mittags am selben Tag Linsen gegessen.

***

Wie viele andere mitteleuropäische Regionen auch war Thüringen zunächst von Kelten besiedelt. Als später Germanen in die keltischen Siedelgebiete eindrangen, vermischten sich keltische und germanische Glaubensvorstellungen – und dies kommt im ersten Teil der Sage zum Ausdruck. In den Riesen und im wilden Jäger lassen sich germanische Naturdämonen (Jötunen) sowie der Sturmgott Odin erkennen; in den Zwergen eher die keltischen Sídhe, welche Odin, der Hauptgott der germanischen Eroberer, „in der Hurre hält", also jagt. Andererseits jedoch ist der wilde Jäger Odin mit der ursprünglich rein keltischen Göttin Perchta verbunden, wobei Perchta aber neben ihren keltischen Wesenszügen auch solche der germanischen Göttin Hulda oder Holda trägt. – Wenn Bertha/ Perchta in der Sage den Kindern den Bauch aufschneidet, die Kinder dann aber durch das Zunähen des Bauches auch wieder heilt, so ist dies ein Hinweis auf die Kraft der Großen Göttin, den Tod in neues Leben umzuwandeln. Diese Umwandlung findet bezeichnenderweise am letzten Tag des alten Jahres, im heidnischen Jahresablauf also zur Wintersonnenwende, statt; zu diesem Zeitpunkt nämlich stirbt die alte Sonne und wird sofort als neue, junge Sonne wiedergeboren. – Der Heringsrogen und die Linsen schließlich, die zur Wintersonnenwende gegessen werden, erinnern an magische Speisen, deren Verzehr die Menschen, das Vieh und das Land im neuen Jahr fruchtbar machen soll; der Hering steht dabei sicher in nordisch-germanischer Tradition, die Linsen eher in keltischer.

Milch- und Gelddrachen
(Thüringen)

In der Saalfelder Gegend wie im benachbarten Orlagau und im Vogtland, aber auch in Thüringen und weit nach Franken hinein ist der Glaube an Drachen verbreitet (...). In gar vielen Orten bezeichnen die Einwohner geradezu die Häuser und nennen die Leute ohne Scheu mit Namen. Die Drachen erscheinen in feuriger Gestalt und werden in gute und arme Drachen unterschieden. Die meisten fallen in Form einer Feuerkugel durch den Schornstein in die Häuser und schütten daselbst ihre Schätze, Milch, Eier und Geld, aus. Man nennt sie die guten Drachen. Bisweilen zieht der Drache aber auch in Gestalt eines langen Wiesbaumes (Holzstamm, der zum Festdrücken der Ladung auf einem Heuwagen diente) durch die Fensterzwickel in die Wohnungen und hinterläßt statt der Reichtümer einen furchtbaren Gestank. Das ist der arme Drache.

Wenn der Einzug des guten Drachen gewahrt wird, werden schnell die Milchgefäße gereinigt, und man stellt sie in Küche und Keller, damit der Drache seine Milch darin ausschütten kann. Um ihn anzuziehen, werden die Butterfässer aus Holzarten gefertigt, welche zu heidnischen Zeiten für heilig gehalten wurden: Wacholder, Eibisch, Linde. Das Holz wird am Heiligen Abend des Weihnachtsfestes (zur Zeit der Wintersonnenwende) geholt und sogleich abgeschält. Butter wird nur am Freitag ausgerührt, nachdem man zu drei verschiedenen Malen Milch in das Butterfaß gegossen hat. Noch jetzt werden häufig in den Kellern eingegrabene Töpfe von eigentümlicher Beschaffenheit gefunden. Sie sind hoch an Form, unten zugespitzt, haben neun Ringe in der Mitte und sind ohne Henkel. Der ursprüngliche Deckel ist am Rand abgeschlagen und so inwendig in den Boden des Topfes eingepaßt, und an des Deckels Stelle ist eine Schieferplatte gefügt. Lauter Anstalten, um das Geschäft des Drachen bei der Vermehrung der Milch zu erleichtern.

Wieder eine andere Art feuriger Drachen sind die, welche die Sage als Schätzehüter insgemein erscheinen und von denen erblickt werden läßt, welche dem Geschäft des Schätzehebens obliegen (...).

Nicht weit vom Dorf Peisla unweit Ranis erhebt sich der Engelsberg, ganz mit Rotbuchen bewachsen. An seinem Fuß zieht sich ein tiefer Graben nach Norden,

den man den Poppengraben nennt, und welcher an den Poppenbiel stößt. Auf der östlichen Seite des Berges öffnet sich eine Höhle, die der Sage nach durch den ganzen Berg sich erstrecken soll. Zwei feurige Drachen liegen darin an Ketten und haben einen großen Schatz zu bewachen. Ein graues Männchen wird nach Jahrhunderten die Stelle andeuten, wo der große Schlüssel liegt, mit welchem der Zugang zum Schatz geöffnet werden kann, indem das Männchen mit einem Stab einem der großen Steine, die am Weg von Peisla nach Dobian liegen, ein Malzeichen aufdrücken wird.

**

Drachen sind auch in der germanischen Mythologie bekannt, doch hier finden sich eindeutig keltische Motive. In der Drei und der Neun tauchen die heiligen Zahlen der Großen Göttin auf, ihr Kessel wird in den geheimnisvollen Töpfen kenntlich; ebenso finden sich, typisch keltisch, drei heilige Hölzer. Die Drachen wiederum treten, ähnlich wie in Merlins Drachenprophezeiung, in zweierlei Gestalt auf und werden als gute und arme Anderswelttiere charakterisiert, wobei die Tatsache auffällt, daß es auch hier, genau wie bei Merlin, keinen absoluten Dualismus Gut-Böse, sondern nur den Unterschied Gut-Arm gibt. – Das graue Männchen am Ende der Sage schließlich ist ein Sídh, und dieses anderweltliche Wesen ist mit uralten Kultsteinen verbunden, die offenbar in der genannten Gegend existieren.

Die Bilbzen
(Thüringen)

In der Kamsdorfer Gegend herrscht im Landvolk noch immer der Glaube an teils dämonische, teils menschliche Getreidemäher, auch Bilbsen-, Bilsen- und Binsenschnitter genannt. Die Schilderung von ihnen ist mannigfaltig, manche sollen dreieckige Hütchen tragen. Als elbische Geister erschienen sie oft den Landleuten, wenn sie spät am Abend durch ihre Flur nach Hause gingen. Sie hatten fliegendes Haar und waren meist mit weißer Leinwand bekleidet.

Oftmals wälzen sich diese Bilbzen in Gestalt einer mächtig großen Kugel durch die Felder und richten ungeheuren Schaden an. Zur Erntezeit kommen sie bisweilen auch als furchtbare Wirbelwinde und führen das geschnittene Getreide mit sich fort. In beiden Fällen pflegen die Bauern, wenn sie es bemerken, ein Taschenmesser, auf dessen Klinge drei Kreuze eingedrückt sein müssen, der Bilbze entgegenzuwerfen und dabei auszurufen: „Da hast du es, Bilbze!"

Es gibt aber auch, und dies ist allgemeiner Volksglaube, noch heutigen Tages solche Bilsenschnitter. Das sind Leute, die am Festtag Christi Himmelfahrt, am Johannisfest und am Tag der heiligen Dreieinigkeit ganz früh hinaus auf die Felder gehen; barfuß, an die große Zehe des rechten Fußes ein kleines, sichel-

förmiges Messer gebunden. Sie schreiten durch die Saaten und schneiden mit dem Messer einen Strich durch dieselben. Zur Zeit der Ernte und des Ausdreschens muß dann der zehnte Teil der Frucht eines solchen Feldes dem Binsenschnitter zuteil werden.
Das Geschäft ist jedoch mit großer Gefahr verbunden. Wird der Bilsenschnitter während seines Tuns von jemandem angerufen oder wird mit einer Flinte über ihn hinweggeschossen, so muß er noch im selben Jahr sterben. Falls der Bilsenschnitter jedoch den Ankömmling früher gewahrt und anredet, fällt das Todeslos auf den anderen.
Die meisten Bauern suchen sich gegen den Verlust, der auf diese Weise ihren Äckern droht, dadurch zu sichern, daß sie das Feld zuerst von außen umackern und besäen, denn in das solchermaßen bestellte Getreide kann kein Binsenschnitter einbrechen. Wird das Getreide gedroschen, das durchschnitten war, so kommt der Bilsenschnitter und gibt gute Worte, daß man ihm irgend etwas aus der Wirtschaft borgen möge, was aber nicht geschehen darf. Zur Rache an dem Bilsenschnitter legt man wohl auch beim Ausdrusch des gezehnteten Getreides einige Reiser von Wacholder mit an. Jeder Schlag mit dem Dreschflegel darauf trifft dann den Bilsenschnitter, bis er zuletzt gelaufen kommt und um alles in der Welt bittet, man möge doch anders wieder zum Dreschen anlegen.

***

Der Bilsenschnitter, der an drei Feiertagen im Frühling beziehungsweise Sommer, darunter dem Johannisfest zur Sommersonnenwende, mit seiner kleinen Sichel am Fuß über die Felder schreitet, erinnert sehr deutlich an einen Druiden. Die Druiden nämlich pflegten bestimmte Pflanzen rituell mit goldenen Sicheln zu schneiden – und was die Verbindung von Druidensichel und Korn angeht, so wird darin das keltische Kornopfer kenntlich. Zur Erntezeit wurde es einst der Dreifachen Göttin dargebracht – und diese ist ebenfalls, wenn auch christlich verzerrt, in der Sage präsent: in den drei Kreuzen auf der Messerklinge, in der Dreizahl der Feste, an denen der Bilsenschnitter erscheint, und innerhalb der Trinität dieser Festtage sogar nochmals im Dreieinigkeitsfest.

Die Bauern zu Kolbeck
(Sachsen-Anhalt)

Im Jahr 1012 war ein Bauer im Dorf Kolbeck bei Halberstadt, der hieß Albrecht. Der machte in der Christnacht einen Tanz mit fünfzehn anderen Bauern, dieweil man Messe hielt, außen auf dem Kirchhof und waren drei Weibsbilder unter ihnen. Und da der Pfarrherr heraustrat und sie darum strafte, sprach jener: „Mich heißet man Albrecht, so heißet man dich Ruprecht; du bist drinnen fröhlich, so laß uns hier draußen fröhlich sein; du singst drinnen deine Weisen, so laß uns hier draußen unseren Reigen singen." Da sprach der Pfarrherr: „So wolle Gott und der Herr St. Magnus, daß ihr ein ganzes Jahr also tanzen müsset!"

Das geschah, und Gott gab den Worten Kraft, so daß weder Regen noch Frost ihre Häupter berührte, noch sie Hitze, Hunger und Durst empfanden, sondern sie tanzten allum, und ihre Schuhe zerschlissen auch nicht. Da lief der Küster herbei und wollte seine Schwester aus dem Tanze ziehen, da folgten ihm freilich nur ihre Hände und Arme. Als das Jahr vorüber war, kam der Bischof von Köln, Heribert, und erlöste sie aus dem Bann. Da starben ihrer vier sogleich; die anderen wurden sehr krank, und man sagt, daß sie sich fast bis an den Gürtel in die Erde sollen getanzt haben, und daß ein tiefer Graben in dem Grund ausgehöhlt wurde, der noch zu sehen ist. Der Landesherr ließ zum Zeichen so viel Steine darum setzen, als Menschen mitgetanzt hatten.

***

Bestimmt handelt es sich hier nicht um eine mittelalterliche, sondern um eine heidnische Steinsetzung, die zusätzlich von einem Sakralgraben markiert war. – Der Sagenkern ist keltisch; Beweis ist die Zahlensymbolik: die Fünfzehn (3 x 5, Zahl der Dreifachen Göttin x Druidenzahl) sowie die Dreizahl bei den Frauen. – Der heidnische Reigen, von dem die Bauern auch im Mittelalter noch nicht lassen wollten, wurde zur Wintersonnenwende getanzt, also an einem der auf die Sonne bezoge-

nen Jahreskreisfeste. Demnach müßte das Steinheiligtum ein Sonnenheiligtum gewesen sein, das entsprechend des Sonnenlaufes ausgerichtet war – und die sechzehn Steine markierten wohl bestimmte Punkte der Sonnenbahn.

König Grünewald
(Hessen)

Auf dem Christenberg in Oberhessen wohnte vor alters ein König und stand da sein Schloß. Und er hatte auch eine einzige Tochter, auf die er gar viel hielt und die wunderbare Gaben besaß. Nun kam einmal sein Feind, ein König, der hieß Grünewald, und belagerte ihn in seinem Schloß, und als die Belagerung schon lange andauerte, sprach der König im Schloß seiner Tochter immer noch Mut zu. Das währte bis zum Maientag. Da sah auf einmal die Tochter, als der Tag anbrach, das feindliche Heer heranziehen mit grünen Bäumen. Da wurde es ihr angst und bange, denn sie wußte, daß alles verloren war, und sagte ihrem Vater:
„Vater, gebt Euch gefangen,
der grüne Wald kommt gegangen!"
Daraufhin schickte ihr Vater sie ins Lager König Grünewalds, mit dem sie ausmachte, daß sie selbst freien Abzug haben sollte und noch dazu mitnehmen dürfte, was sie auf einen Esel packen könnte. Da nahm sie ihren eigenen Vater, packte ihn drauf samt ihren besten Schätzen und zog nun fort. Und als sie eine gute

Strecke in einem fortgegangen und ermüdet waren, sprach die Königstochter: „Hier wollemer ruhen!" Daher hat ein Dorf den Namen, das dort liegt (Wollmar, eine Stunde von Christenberg, in der Ebene). Bald zogen sie weiter durch Wildnisse hin ins Gebirge, bis sie endlich einen fruchtbaren Flecken fanden; da sagte die Königstochter: „Hier hat's Feld!", und da blieben sie und bauten ein Schloß und nannten es Hatzfeld. Dort sind noch bis auf den heutigen Tag die Überbleibsel, und die Stadt dabei hat auch von der Burg den Namen (Hatzfeld, ein Städtchen an der Eder, im Gebirge, gegen vier Stunden vom Christenberg westlich).

***

Das „Christen" in Christenberg könnte sich etymologisch vom keltischen Lissan (durch einen Erdwall befestigter Wohnsitz/keltischer Adelssitz) herleiten; Lissan taucht in späteren deutschen Ortsnamen wie Lissen- oder Listenberg auf. Was wiederum die Orte Wollmar und Hatzfeld angeht, so könnte die Sage, in welcher eindeutig auch das inselkeltische Macbeth-Motiv erscheint, einen Hinweis auf ihre keltische Urbesiedelung geben.

Lohengrin zu Brabant
(Brabant)

Der Herzog von Brabant und Limburg starb, ohne andere Erben als eine junge Tochter namens Els oder Elsam zu hinterlassen; diese empfahl er auf dem Totenbett einem seiner Dienstmannen, Friedrich von Telramund. Friedrich, ein tapferer Held und Drachentöter, wurde übermütig und warb um der jungen Herzogin Hand und Land unter dem falschen Vorgeben, daß sie ihm die Ehe gelobt hatte. Da sie sich standhaft weigerte, klagte Friedrich bei dem Kaiser Heinrich dem Vogler, und es wurde Recht gesprochen, daß sie sich im Gotteskampf durch einen Helden gegen ihn verteidigen müsse. Als sich keiner finden wollte, betete die Herzogin inbrünstig zu Gott um Rettung. Da erscholl weit davon zu Monsalvatsch beim Gral der Laut der Glocke, zum Zeichen, daß jemand dringender Hilfe bedürfe; alsbald beschloß der Gral, den Sohn Parcivals, Lohengrin, auszusenden. Eben wollte dieser seinen Fuß in den Steigbügel setzen, da kam ein Schwan auf dem Wasser geschwommen und zog hinter sich ein Schiff daher. Kaum erblickte ihn Lohengrin, als er rief: „Bringt das Roß wieder zur Krippe; ich will nun mit diesem Vogel ziehen, wohin er mich führt." Speise im Vertrauen auf Gott nahm er nicht mit in das Schiff; nachdem sie fünf Tage über das Meer gefahren waren, fuhr der Schwan mit dem Schnabel ins Wasser, fing ein Fischlein auf, aß es halb und gab dem Fürsten die andere Hälfte zu essen.

Unterdessen hatte Elsam ihre Fürsten und Mannen nach Antwerpen zu einer Landsprache berufen. Gerade am Tag der Versammlung sah man einen Schwan die Schelde heraufschwimmen, der ein Schifflein zog, in welchem Lohengrin, auf seinem Schild ausgestreckt, schlief. Der Schwan landete bald am Gestade, und der Fürst wurde fröhlich empfangen; kaum hatte man ihm Helm, Schild und Schwert aus dem Schiff getragen, als der Schwan sogleich zurückfuhr. Lohengrin vernahm nun das Unrecht, welches die Herzogin litt, und übernahm es gerne, ihr Kämpfer zu sein. Elsam ließ hierauf alle ihre Verwandten und Untertanen entbieten, die sich bereitwillig in großer Zahl einstellten; selbst König Gotthart, ihr mütterlicher Ahn, kam aus England (...). Der Zug machte sich auf den Weg (...) nach Mainz; Kaiser Heinrich, der sich zu Frankfurt aufhielt, kam nach Mainz entgegen, und in dieser Stadt wurde die Kampfbahn errichtet, wo Lohengrin und Friedrich kämpfen sollten. Der Held vom Gral siegte; Friedrich gestand, die Herzogin angelogen zu haben, und wurde mit Schlägel und Beil gerichtet. Elsam fiel nun dem Lohengrin zuteil, die sich längst einander liebten; doch behielt er sich insgeheim ihr gegenüber vor, daß ihr Mund alle Fragen nach seiner Herkunft zu vermeiden habe, denn sonst müsse er sie augenblicklich verlassen.

Eine Zeitlang verlebten die Eheleute in ungestörtem Glück, und Lohengrin beherrschte das Land weise und mächtig; auch dem Kaiser leistete er (...) große Dienste. Es trug sich aber zu, daß er einmal im Speerwechsel den Herzog von Cleve herunterstach und dieser den Arm brach; neidisch redete da die Clever Herzogin laut unter den Frauen: „Ein kühner Held mag Lohengrin sein, und Christenglauben scheint er auch zu haben; schade, daß Adels halber sein Ruhm gering ist, denn niemand weiß, woher er ans Land geschwommen kam." Dieses Wort ging der Herzogin von Brabant durch das Herz, sie errötete und erbleichte. Nachts im Bett, als ihr Gemahl sie in den Armen hielt, weinte sie; er sprach: „Liebste, was wirret dir?" Sie antwortete: „Die Clever Herzogin hat mich zu tiefem Seufzen gebracht." Aber Lohengrin schwieg und fragte nicht weiter. Die zweite Nacht weinte sie wieder; er aber merkte es wohl und beruhigte sie nochmals. Allein in der dritten Nacht konnte sich Elsam nicht länger zurückhalten und sprach: „Herr, zürnt mir nicht! Ich wüßte gern, von wannen Ihr geboren seid, denn mein Herz sagt mir, Ihr seiet reich an Adel."

Als nun der Tag anbrach, erklärte Lohengrin öffentlich, von woher er stamme: Daß Parcival sein Vater sei, und Gott ihn vom Gral hergesandt habe. Darauf ließ er seine beiden Kinder bringen, die ihm die Herzogin geboren, küßte sie und befahl, ihnen Horn und Schwert, die er zurücklasse, wohl aufzuheben; der Herzogin ließ er das Fingerringlein, das ihm einst seine Mutter geschenkt hatte. Da kam mit Eile sein Freund, der Schwan, geschwommen, hinter ihm das Schifflein; der Fürst trat hinein und fuhr wider

Wasser und Wege in des Grales Amt. Elsam sank ohnmächtig nieder, so daß man mit einem Keil ihre Zähne aufbrechen und ihr Wasser eingießen mußte. Kaiser und Reich nahmen sich der Waisen an; die Kinder hießen Johann und Lohengrin. Die Witwe aber weinte und klagte ihr übriges Leben lang um den geliebten Gemahl, der nimmer wiederkehrte.

***

Der typisch keltische Sagenkern vom Helden, der in Begleitung eines Schwanes, eines Sídh, aus der Anderswelt erscheint und dann dorthin zurückkehrt, weil seine Gattin einen Geis bricht, ist christlich und mittelalterlich-feudal überformt; ähnlich wie die vergleichbaren mittelalterlichen Dichtungen um Arthur und Merlin oder den Gral.

Geister in den Hünenbetten
(Friesland)

Schon zu Kaiser Lothars Zeiten gab es in Friesland viele Geister und Gespenster. Eine Sorte davon wohnte in Höhlen, wie die deutschen Wichtlein. Die Männlein hießen weiße Juffers; die waren nicht eben gutartig, vielmehr recht tückeboldig. Die Weiblein aber hießen weiße Frauen; die waren besser, standen Kindbetterinnen bei, leiteten Verirrte auf den rechten Weg, halfen Arbeit verrichten, besonders recht mühevolle. Sie wohnten gern in Hügeln oder in Gruben, die unbesucht waren, häufig ihrer drei beisammen; auch in alten Hünenbetten.

Wer nachts an diese Hügel oder in diese Gruben trat oder auf so ein altes Hünengrab sich setzte, der konnte besondere und wunderbare Dinge vernehmen und viel von alter Zeit erfahren. Es war ein Sänger im Friesenlande; der hieß Bernlef und war blind, der hat viel gesungen von des Landes erster Art und des freien Volkes der Friesen Ankunft und Ursprung. Den haben die guten Geister gelehrt und die Kunde alter Zeit auf seine Lippen gelegt.

***

Die weißen, geisterhaften Wesen, die in Hügeln oder Dolmen leben, korrespondieren auf verblüffende Weise mit den irischen Sídhe; in den Dreiergruppen der Geisterfrauen hat sich eine deutliche Erinnerung an die Dreifache Göttin der Kelten beziehungsweise deren Priesterinnen erhalten. Die Sage ist durch die Nennung Kaiser Lothars im Mittelalter angesiedelt, weist aber auf sehr viel ältere Zeiten hin – und was den ethnischen Ursprung der Friesen (oder besser wohl eines Teils des friesischen Volksstammes) angeht, so gibt die folgende und letzte Sage eine Auskunft, wie man sie für die Nordseeküste eigentlich nicht erwarten würde.

Stavorens Ursprung
(Friesland)

Des Friesenlandes Hauptstadt ist Stavoren. Die alten Friesen hatten einen Gott, den hielten sie so groß und mächtig wie das Römervolk seinen Jupiter; den nannten sie Stavo.

Zu einer Zeit nun, im Herbst, kamen aus fernen Landen drei Brüder zu Schiffe an die Küste, Friso, Saxo und Bruno geheißen; sie wurden von vielen Gefährten begleitet. Sie fanden das Land von Einwohnern fast ganz entblößt, denn es war damals von Sueven bewohnt, welche keine festen Wohnsitze behaupteten und sich wegen der Spätherbstüberschwemmungen in höhergelegenes Land zurückgezogen hatten. Und da erbauten die Neuankömmlinge ihrem Gott Stavo einen Tempel, gründeten eine Stadt und nannten sie nach ihrem Gott Stavoren.

Diese Stadt wurde bald groß und viel größer als jetzt, denn die ganze Südersee war noch bewohntes Land, von dem jetzt nur noch hie und da ein geringer Rest als kleine Insel aus den Wogen ragt. Da blieben sie nun dreizehn Jahre, und ihr Volk mehrte sich, und sie hatten nicht Raum genug. Darum sprach Friso zu seinen Brüdern, es sei besser, wenn sie sich teilten und jeder von ihnen mit den Seinen ein weiteres Land gewänne.

Da schieden die Brüder Saxo und Bruno in Frieden von Friso, welcher blieb, und Saxo lief in die Elbe ein, ließ sich an ihrem Ufer nieder und bevölkerte das Land, und sein Volk wurde nach ihm Saxen geheißen. Bruno aber machte sich seßhaft am Weserstrom und gründete dort eine Stadt, die hieß nach ihm Brunosvic, die gab hernach dem ganzen Land ihren Namen Braunschweig. Friso aber erreichte ein sehr hohes Alter, er herrschte über Friesland achtundsechzig Jahre und hinterließ sieben Söhne und eine einzige Tochter.

Die Stadt Stavoren wurde und war die allerberühmteste Haupt- und Residenzstadt der friesischen Könige, und es war nirgends größerer Handelsverkehr und Schiffahrt als in dieser Stadt, denn sie war überaus günstig gelegen und hatte einen vortrefflichen Hafen.

***

Der zeitliche Schlüssel, mit dessen Hilfe die Sage historisch eingeordnet werden kann, sind die germanischen Sueven oder Sweben. Sie lebten bis zum Ende des letzten vorchristlichen Jahrhunderts im heutigen Nordwestdeutschland, zogen dann aber ins Maingebiet und weiter nach Böhmen und Mähren. Da die Sueven in der vorliegenden Sage noch an der Nordseeküste siedeln, müssen sich die geschilderten Ereignisse vor ihrer Emigration in den Süden abgespielt haben. Und in dieser Zeit, um die Mitte des letzten vorchristlichen Jahrhunderts, vernichteten die Römer unter Cäsar die keltische Kultur in Gallien. Verschiedenen gallischen Teilstämmen jedoch gelang die Flucht aus ihrer Heimat, und ein solcher Sippenverband muß, wie die Sage erzählt, zu Schiff Friesland erreicht haben. – Daß es sich bei den Neuankömmlingen um Gallier handelte, geht aus verschiedenen Hinweisen in der Sage eindeutig hervor. Die Seefahrer werden, typisch keltisch, von drei Brüdern angeführt, und sie haben einen Stammesgott Stavo, der mit dem römischen Jupiter verglichen wird. Derartige Gleichsetzungen gallischer und römischer Gottheiten sind, vor galloömischem Hintergrund, kennzeichnend für das letzte vorchristliche Jahrhundert, und typisch für die gallische Wesensart ist auch das Verhalten der Neuankömmlinge in Friesland. Sie erbauen ihrem Gott Stavo im Gegensatz zu germanischem Brauch einen Tempel, vermutlich einen galloömischen Umgangstempel, und sie erscheinen darüber hinaus als Stadtgründer. Städte aber wurden von den Germanen der damaligen Zeit nicht erbaut, den Galliern hingegen war das urbane Leben längst vertraut. Und neuerdings typisch keltisch ist auch die Nutzung von Stavoren als Handelsstadt, denn die Kelten betreiben aus alter Tradition heraus ausgedehnten Fernhandel, was sie wiederum von den vorchristlichen Germanen unterschied. – In der Sage von Stavorens Ursprung wird also die Erinnerung an eine gallische Landnahme weit nördlich des eigentlichen gallischen Siedelgebietes bewahrt – und später werden Kelten aus Friesland wohl mit Elb- und Wesergermanen verschmolzen sein, so wie es in der sagenhaften Geschichte über das weitere Schicksal der Brüder Saxo und Bruno angedeutet wird.

Nachwort

Wie die beiden letzten in diesem Buch vorgestellten Sagen zeigen, haben die Kelten sogar im äußersten Nordwesten des deutschen Sprachraumes, in Friesland, ihre geheimnisvollen und faszinierenden Spuren hinterlassen. Aber auch sonst kamen bei der Auswertung des allgemeinen Sagenschatzes aus Deutschland, Österreich, der Schweiz, Böhmen und dem Elsaß bedeutend mehr keltische Überlieferungen ans Licht, als Verlag und Autor zunächst angenommen hatten. Darüber hinaus lassen sich ganz gewiß noch zahlreiche weitere Texte mit keltisch-heidnischen Motiven in jenen vielen regionalen oder örtlichen Sagensammlungen finden, welche im vorliegenden Werk aus Platzgründen nicht berücksichtigt werden konnten.

Selbst für den engagiertesten Keltologen wäre es eine kaum zu bewältigende Aufgabe, all dieses spezielle, auf eine bestimmte Region oder Stadt bezogene Sagenmaterial zu sichten, das insbesondere in den Buchhandlungen, Antiquariaten und Bibliotheken des süd- und mitteldeutschen Sprachraumes auf Entdeckung wartet. Doch für Hobbyforscher, welche der keltischen Mythologie ihrer Heimat nachspüren wollen, können die örtlichen Sagensammlungen eine hochinteressante Fundgrube darstellen – und dies gleich in zweifacher Hinsicht.

Zum einen bietet die Entdeckung keltischer Überlieferungen in Sagentexten eine wunderbare Möglichkeit, dem Geist der heidnischen Göttinnen, Götter und Andersweltwesen näherzukommen und daraus persönlichen spirituellen Gewinn zu ziehen; außerdem lassen sich zuweilen dank der religiösen Informationen, welche die Sagen enthalten, auch uralte Rituale erkennen und für die heutige Zeit wiederbeleben. Zum anderen können die Sagentexte Wegweiser zu vergessenen oder vom Christentum „verteufelten" heidnischen Kultplätzen wie Quellen, Höhlen oder Steinsetzungen sein, und wenn solche Orte aufgrund entsprechender Sagenauswertungen aufgefunden werden, dann besteht natürlich auch die Möglichkeit, sie von neuem auf die gute alte heidnische Art zu nutzen.

Oft werden in den Sagen sogar die Gottheiten kenntlich, welche einst mit einer bestimmten Weihestätte verbunden waren; im vorliegenden Buch gibt es eine ganze Reihe von Beispielen dafür. Und wenn man erst weiß, daß an einer gewissen Quelle schon vor Jahrtausenden zur Göttin Brigid gebetet wurde oder an einer bestimmten Steinsetzung zur Wintersonnenwende der neugeborene Gott Lugh erschien und von den Menschen dankbar verehrt wurde, so bietet es sich doch förmlich an, genau das auch heute wieder zu tun – und wenn dies geschieht, dann sind die uralten Überlieferungen quasi zu „Lehrern" für moderne Heiden geworden.

Hinsichtlich des paganen Lernens beinhalten die keltischen Sagen (von eventuellen christlichen Verfälschungen gereinigt) noch eine zusätzliche Möglichkeit für engagierte heidnische Eltern, die ihren Kindern die alte Religion auf kurzweilige und spannende Weise vermitteln wollen. Viele Sagentexte eignen sich nämlich ausgezeichnet zum Vorlesen für die Kleinen und zum anschließenden Gespräch über den Inhalt; in der vorliegenden Sammlung etwa die Geschichte „Die Bergmanndli schützen Herden und Fische", wo Liebe zur Natur, ökologisches Denken und zudem Wissen um die andersweltliche Macht der Sídhe vermittelt wird. Und sowohl Kinder als auch Erwachsene, welche ihre Lehren aus den keltischen Sagen ziehen, werden reichen Nutzen davon haben ...

Keltische Jahreskreisfeste

Alban Arthuan: Wintersonnenwende (21. Dezember)
Imbolc: Fest zum Winterende (1. Februar)
Alban Ailyr: Frühjahrstagundnachtgleiche (21. März)
Beltane: Frühlingsfest (1. Mai)
Alban Heruin: Sommersonnenwende (21. Juni)
Lughnasad: Sommer- und Erntefest (1. August)
Alban Elued: Herbsttagundnachtgleiche (23. September)
Samhain: Herbstfest (1. November)

Manfred Böckl

Geboren 2. 9. 48 in Landau/Isar (Niederbayern), Abitur 1968 in Dingolfing (Niederbayern), Studium querbeet Uni Regensburg. Einige Jahre zunächst als Volontär und dann Redakteur an einer grossen bayerischen Tageszeitung. Seit Januar 1976 als freier Schriftsteller tätig. Lebt (nach zwölf Jahren in Regensburg) heute im Bayerischen Wald. Geschieden, eine Tochter.

Foto: Edeltraud Oberneder

Hauptsächliche Tätigkeit: Historische Romane und Sachbücher. Derzeit über 70 Buchpublikationen. Gesamtauflage des Werkes ca. eine Million, Übersetzungen ins Portugiesische, Russische, Niederländische, Estländische, Italienische, Bulgarische und Tschechische.

Außerdem Drehbücher (u. a. zu „Jennerwein") und Rundfunksendungen für Radio Bremen, BR und SRG.

War Stadtschreiber von Otterndorf/Niedersachsen (1986) und Neumüller-Stipendiat der Stadt Regensburg (1987/88).

Mitbegründer der Regionalgruppe Ostbayern im Verband Deutscher Schriftsteller, von 1983 bis 1986 Vorsitzender.

Weitere Literatur des Autors über die Kelten

Manfred Böckl: „Opfersteine, Göttinnenquellen und Druidenthrone. Prähistorische Kultstätten und andere geheimnisvolle Plätze im Bayerischen Wald", Sachbuch.
Manfred Böckl: „Von Alraunhöhlen und Seelenvögeln. Keltische Sagen aus Altbayern". Sachbuch.
Manfred Böckl: „Merlin. Leben und Vermächtnis des keltischen Menschheitslehrers". Sachbuch.
Manfred Böckl: „Die Botschaft der Druiden". Sachbuch.
Manfred Böckl: „Ceridwen. Die Rückkehr der dreifaltigen Göttin der Kelten". Sachbuch.
Manfred Böckl: „Der Hund des Culann". Moderne Romanfassung des irischen Cúchulainn-Epos.
Manfred Böckl: „Die letzte Königin der Kelten". Roman über die britannische Königin Boadicea.
Manfred Böckl: „Die Bischöfin von Rom". Roman über eine Druidin im Kampf gegen den Machtwahn des Christentums.
Manfred Böckl: „Der Druidenstein". Roman über das keltische Bayern im letzten vorchristlichen Jahrhundert.